Die „Wissenschaftlichen Grundfragen“ dienen sowohl der philosophischen Forschung wie der wissenschaftlichen Arbeit der Einzeldisziplinen. Das findet seinen Ausdruck schon in den Namen der Mitherausgeber. Die in zwangloser Folge erscheinenden Abhandlungen werden in strenger Wissenschaftlichkeit Fragen erörtern, die die Einzelwissenschaft stellen muß, die sie aber ohne methodische Besinnung auf ihre eigenen Grundlagen, also ohne wissenschaftliche Philosophie, nicht zu lösen vermag; andererseits Fragen, die der philosophischen Forschung aufgegeben sind, wo sie ihrem Begriff gemäß das Verfahren der Einzelwissenschaften untersucht. Zwar erschöpfen sich die Ziele der wissenschaftlichen Philosophie nicht in Analyse und Rechtfertigung der forschenden Wissenschaft, allein sie sind nur in stetem Bezug auf solche Rechtfertigung und Analyse zu ergreifen. In diesem Sinne werden die „Wissenschaftlichen Grundfragen“ auch Probleme aus dem Bereich der ethischen, ästhetischen und religiösen Begriffsbildung behandeln.

Die „Wissenschaftlichen Grundfragen“ erscheinen in zwangloser Folge. Der Umfang der Einzelabhandlung beträgt höchstens 4–6 Druckbogen. Die Abhandlungen sind einzeln käuflich. Manuskriptsendungen können nur nach Verständigung mit einem der Herausgeber entgegengenommen werden.

R. Hönigswald

WISSENSCHAFTLICHE GRUNDFRAGEN

PHILOSOPHISCHE ABHANDLUNGEN

IN GEMEINSCHAFT MIT

B. BAUCH-JENA (PHILOSOPHIE) • J. BINDER-GÖTTINGEN (RECHTSWISSENSCHAFT) O. BUMKE-MÜNCHEN (PSYCHIATRIE) • E. CASSIRER-HAMBURG (PHILOSOPHIE) R. HOLTZMANN-HALLE A. S. (GESCHICHTE) • H. JUNKER-LEIPZIG (SPRACHWISSENSCHAFT) • E. KALLIUS-HEIDELBERG (VERGL. ANATOMIE) • A. KNESER-BRESLAU (MATHEMATIK) • C. SCHAEFER-BRESLAU (PHYSIK) J. STENZEL-KIEL (PHILOSOPHIE)

HERAUSGEGEBEN VON

R. HÖNIGSWALD

BRESLAU

VII

W. SCHÖNFELD:

DIE LOGISCHE STRUKTUR DER RECHTSORDNUNG

Springer Fachmedien Wiesbaden GmbH 1927

DIE LOGISCHE STRUKTUR DER RECHTSORDNUNG

VON

DR. WALTHER SCHÖNFELD
PROFESSOR DES DEUTSCHEN RECHTS IN GREIFSWALD

Springer Fachmedien Wiesbaden GmbH 1927

ISBN 978-3-663-15523-2 ISBN 978-3-663-16095-3 (eBook)
DOI 10.1007/978-3-663-16095-3

MEINER FRAU

BARBARA GEB. LEIPOLDT

ZUGEEIGNET

INHALT

DAS PROBLEM

In seiner Geschichte der Königlich-Preußischen Akademie der Wissenschaften zu Berlin tut Adolf v. Harnack den bedeutungsvollen Ausspruch: „Jede Wissenschaft, wenn sie in einer Nation gedeihen und ihr Segen spenden will, muß von der unbedingten Anerkennung ihres Wertes getragen sein" (Bd. I, S. 729). Wenden wir Juristen, von dunklen Zweifeln bewegt, dies auf unsere Wissenschaft an, nach den Belegen ihrer unbedingten Anerkennung inmitten dieser Akademie suchend, so finden wir den lakonischen Satz: „Rechtswissenschaft, ausgeschlossen aus der Arbeit der Akademie" (Bd. I, S. 1064). Dies geht offenbar auf die Erneuerungsurkunde vom 24. Januar 1744 zurück, in der der königliche Stifter der Akademie verordnet, daß ihre Arbeit „unter gänzlicher Ausschließung der geoffenbarten Theologie, der bürgerlichen Rechtsgelehrsamkeit, der bloßen Poesie und Beredsamkeit auf das übrige ganze Wissenschafts- und Kunstwesen" gerichtet sei (Bd. II, S. 263). Damit ist über unsere Wissenschaft, die nach Wilhelm Wundts[1]) unparteiischem Urteil „eine der schwersten" ist, der Stab gebrochen, nicht nur bei den Gebildeten und Ungebildeten unter ihren Verächtern, sondern auch, was mehr ins Gewicht fällt, vor dem geschichtlichen Forum der Wissenschaft selbst. Sie ist eine Pseudowissenschaft, die aus praktischen Gründen wohl auf den Universitäten gelehrt wird, nicht aber an der Stätte reiner Forschung Daseinsberechtigung hat. Sie ist eine Art Poesie, freilich ohne Poesie, seitdem die Prosa der Akten in das Recht eingezogen ist, wie Jacob Grimm in seiner schönen Abhandlung „Von der Poesie im Recht" klagt. Jedoch, ist auch die Rechtsgelehrsamkeit ausgeschlossen, so sind doch je und je Rechtsgelehrte mit mehr oder weniger klangvollen Namen in der Akademie vertreten gewesen; freilich „als Historiker, nicht als Juristen", wie uns ihr Geschichtsschreiber nachdrücklich versichert (Bd. I, S. 876). Somit ist zwar nicht die Rechtswissenschaft, wohl aber die Rechtsgeschichte akademiefähig. Sie ist, weil vom Staube des Tages befreit, eine echte und wahre Wissenschaft.

Allein, wo fängt die Rechtswissenschaft an, wo hört die Rechtsgeschichte auf, wenn beide geschichtlichem Recht gewidmet sind, da dank der Tätigkeit der historischen Rechtsschule das Natur- oder Vernunftrecht tot ist, wie uns versichert wird!

---

1) Logik, Bd. III, 3. Aufl., 1908, S. 595.

Oberflächliche Betrachtung könnte meinen, daß es auf die Geltung des erforschten Rechtes ankomme, derart, daß es die Rechtswissenschaft mit geltendem, die Rechtsgeschichte mit nicht mehr geltendem Recht zu tun habe, was ganz einleuchtend klingt, weshalb man bekanntlich auch gesagt hat, daß erst durch das Inkrafttreten des Bürgerlichen Gesetzbuchs für das Deutsche Reich das römische Recht der geschichtlichen Forschung wahrhaft übergeben worden sei. Allein dann wäre ja, wenn man etwa an den Code civil denkt, heutzutage in Deutschland das Rechtsgeschichte und damit akademiefähig, was in Frankreich Rechtswissenschaft und damit pseudowissenschaftlich wäre, was in dieser Form schwerlich zutrifft, wenngleich ihm ein Körnchen Wahrheit abgewonnen werden kann, wie sich zeigen wird. Aber auch auf die Zeit kann es nicht ankommen, so daß etwa ohne Rücksicht auf Geltung die Rechtsgeschichte es mit vergangenem, die Rechtswissenschaft mit gegenwärtigem oder zukünftigem Recht zu tun hätte. Denn eine Wissenschaft vom Zukünftigen im strengen Sinne des Wortes kann es nicht geben, weil niemand weiß, was sein wird, und was den Gegensatz von Vergangenheit und Gegenwart anlangt, so ist dieser nicht außerhalb, sondern innerhalb der Geschichte, indem es eine Geschichte von der Gegenwart ebenso wie von der Vergangenheit gibt, wobei dahingestellt bleiben mag, welche von ihnen schwerer zu schreiben ist. Das Vergangene nämlich besteht nur dadurch, daß es mir gegenwärtig ist, und was es von der Gegenwart im engeren Sinne scheidet, ist, daß es für mich erledigt, abgeschlossen und insoweit tot ist, weshalb man Vergangenheit und Gegenwart nicht mit der Uhr in der Hand, sondern nur im Hinblick auf die Frage der Lebendigkeit gegeneinander abgrenzen kann. Ist aber die Lebendigkeit das Kriterium, so bedeutet das auf dem Gebiete des Rechts die Geltung, worin sie auch immer bestehe, von der wir schon gesehen haben, daß es auf sie nicht ankommen kann.

Unter diesen Umständen will es nicht Wunder nehmen, daß man zu Zeiten überhaupt auf eine Unterscheidung von Rechtsgeschichte und Rechtswissenschaft verzichtet hat, schon allein deshalb, um der Rechtswissenschaft als Rechtsgeschichte die Ehre der Wissenschaftlichkeit zu retten. Allen voran hat bekanntlich Savigny diese Ansicht als „die würdigste, die für unsere Wissenschaft gefaßt werden kann"[1]), verkündet, und zwar so einseitig, daß er in seiner viel erwähnten Programmschrift „Vom Beruf unserer Zeit für Gesetzgebung und Rechtswissenschaft" den erstaunlichen Mut gefunden hat, vom Allgemeinen Landrecht für die Preußischen Staaten allen Ernstes zu behaupten, daß „eine wissenschaftliche Seite dem

1) Besprechung von Hugos Rechtsgeschichte, 3. Aufl., 1806, in „Vermischte Schriften", Bd. V, 1850, S. 3.

Gegenstande abzugewinnen aus Mangel an speziellen geschichtlichen Quellen schwer sein dürfte".[1])

Daß dies nicht ganz mit rechten Dingen zugehen könne, indem dadurch Rechtswissenschaft und Rechtsgeschichte nahezu in Literaturgeschichte verwandelt werden, hat man bald herausgemerkt, teils mehr mit dem Gefühl, teils mehr mit dem Verstande. Insbesondere hat der bei den Historikern darum nicht sehr geschätzte C. F. Gerber in den methodologisch hochbedeutenden Vorreden zu seinem System des Deutschen Privatrechts (6. Aufl., 1858) mit aller ihm eigenen Klarheit und Schärfe dagegen Widerspruch erhoben, statt der „rein erzählenden, des spezifisch juristischen Charakters" entbehrenden Darstellung seines Gegenstandes eine „konsequente Trennung des Geschichtlichen vom Dogmatischen" fordernd. Und neuerdings hat man in radikaler Erfüllung dieser Forderung die Rechtsgeschichte geradezu von der Rechtswissenschaft ausschließen wollen, indem man ihren Gegensatz dahin bestimmte, daß die Rechtsgeschichte es mit dem Faktischen oder Soziologischen, die Rechtswissenschaft dagegen mit dem Normativen, jene mit dem Sein, diese mit dem Sollen zu tun habe, so namentlich Kelsen[2]), aber auch andere, die von ihm unabhängig sind, wie etwa Somlo[3]), Emge[4]) und neustens Sauer.[5])

Allein es bleibt zu fragen, wie sich dieser nach Kelsen „unversöhnliche Dualismus von Sein und Sollen" mit der von ihm ebenso nachdrücklich betonten Positivität des Rechts vertrage, da doch nicht geleugnet werden kann, daß dieses positive Recht gerade um seiner Positivität willen ein geschichtliches Faktum ist, somit nicht nur mittelbar auf das Faktische bezogen sein kann, was Kelsen[6]) selbst zugibt, sondern auch unmittelbar in sich ein Faktisches enthalten muß, indem ein Sollen, das nichts vom Sein enthielte, absolut wäre, womit wir zum alten Vernunft- oder Naturrecht zurückgekehrt wären. Entweder, es ist nicht wahr, daß alles Recht notwendig geschichtlich sei, was der Positivismus als selbstverständlich voraussetzt, ohne es je auch nur versuchsweise bewiesen zu haben, was er von seinem Standpunkt aus auch gar nicht kann, oder aber Rechtsgeschichte und Rechtswissenschaft lassen sich nicht nach Sein und Sollen in radikaler Strenge scheiden.

Aber freilich, erscheint auch die radikale Trennung von Rechtsgeschichte

1) 1814, 3. Aufl., 1840, S. 146.

2) Vor allem in: Die Rechtswissenschaft als Norm- oder Kulturwissenschaft. Schmollers Jahrbuch, Bd. XL, 1916, S. 1207.

3) Juristische Grundlehre, 1917, S. 22.

4) Vorschule der Rechtsphilosophie, 1924, S. 44.

5) Grundlagen der Wissenschaft und Wissenschaften, 1926, S. 243.

6) Allgemeine Staatslehre, 1925, S. 34ff., 45.

und Rechtswissenschaft im Hinblick auf die Positivität des Rechts zum mindesten problematisch, so ist es andererseits ihre radikale Identität im Hinblick auf seine Richtigkeit nicht minder. Recht kommt von Richtigkeit, wie niemand bestreiten kann, weshalb es einen Unterschied macht, ob ich die Entstehung einer Rechtsordnung oder ihren inneren Gehalt untersuche, ob ich die Rechtsordnung als solche oder das Rechtsleben im Verhältnis zu ihr erörtere, was freilich so selbstverständlich ist, daß auch ausgesprochene Anhänger der historischen Schule keineswegs daran vorübergegangen sind, wie es ihre Gegner gern darstellen. So redet Ulrich Stutz[1]) in seinem Kirchenrecht einmal davon, daß die mittelalterliche Kanonistik den Schatz der Überlieferung „mit den Mitteln einer eigenen ungeschichtlich nivellierenden, aber den Stoff um so rücksichtsloser dogmatisch bezwingenden Wissenschaft" bearbeitet habe. Danach wäre die Rechtswissenschaft im Gegensatz zur Rechtsgeschichte, wenn sie mit der Rechtsdogmatik zusammenfällt, was zu vermuten ist, eine Wissenschaft, die einen geschichtlichen Stoff, indem sie ihn nivelliert, d. h. auf eine Ebene zurückführt, ungeschichtlich behandelt, was fast wie ein Widerspruch in sich selber klingt und verständlich macht, warum man ihr den Charakter als Wissenschaft nicht zuerkennen mag. Denn es ist auf den ersten Blick wenigstens nicht zu erkennen, welchen Bezug auf die Wahrheit diese nivellierende und obendrein durch ihren theologischen Namen aufs äußerste verdächtige Dogmatik haben möchte, so daß sie in der Tat mehr der Poesie als der Forschung verwandt erscheint als ein Mach- oder, wenn man es höflicher ausdrücken will, Kunstwerk zu politischem Zweck ohne Wahrheitswert, worin Sinn und Kriterium der Wissenschaft besteht.

Aber vielleicht steht es doch nicht so verzweifelt um diese Dogmatik, so oft sie auch schon von Geschichts- und Naturforschern mit mehr oder weniger höflicher Schonung aufgegeben worden ist. Denn vielleicht hat sie es, was schon bei Gerber anklingt, überhaupt nicht mit Historischem, sondern eben mit dem Juristischen als solchem zu tun, mag dieses „zufällig" an einem historischen Stoff hervortreten oder nicht. Solche Gedanken in verschiedener Wendung haben neuerdings Salomon[2]), Reinach[3]) und G. Husserl[4]) geäußert; aber schon B. W. Leist in seinen Zivilistischen Studien auf dem Gebiet der dogmatischen Analyse 1854ff., um ihn der Vergessenheit zu entreißen, hat fast wörtlich dasselbe gelehrt, wenn er

---

1) Holtzendorff-Kohlers Enzyklopädie der Rechtswissenschaft, Bd. V, 1914, S. 321.

2) Grundlegung zur Rechtsphilosophie, 2. Aufl., 1925.

3) Die apriorischen Grundlagen des Bürgerlichen Rechts. Jahrbuch f. Philosophie u. Phänomenologische Forschung, Bd. I, 1913.

4) Rechtskraft und Rechtsgeltung, Bd. I, 1925, S. 11.

inmitten längerer, das Problem ganz scharf herausstellender Erörterungen einmal sagt (Heft 3, S. XIII): „Dieses jenseits der positiven Rechtssatzung liegende Etwas ist nicht etwa ein Komplex naturrechtlicher Fiktionen, es ist ein fester objektiv gegebener Boden. Ich habe mir erlaubt, es im allgemeinen das Bereich der Natursätze zu nennen." Die Neueren haben sich erlaubt, es etwas anders und vielleicht weniger mißverständlich zu benennen, indem sie den Gedanken des alten Naturrechts ihrer Bezeichnung energischer fernhalten, so Salomon, wenn er von den Rechtsproblemen, Reinach, wenn er von den apriorischen Grundlagen des Rechts, G. Husserl, wenn er von den überzeitlichen Grundstrukturen des Rechts redet; aber in der Sache meinen sie alle genau dasselbe, nämlich ein Über- oder Vorpositives, das jedem historischen Recht notwendig logisch, natürlich nicht zeitlich vorangeht.

Aber freilich, so gewiß es ein solches als Rechtslogik oder Rechtsvernunft auffaßbares Reich vorpositiver juristischer Wesensgesetzlichkeit gibt und geben muß, wie sich zeigen wird, fraglich dabei bleibt, wie diese auf juristische Wesensforschung ausgehende Rechtsdogmatik im Gegensatz zur Rechtsgeschichte sich Rechtswissenschaft nennen dürfe, da doch Einigkeit darüber herrscht, daß dieses Reich juristischer Wesenheiten, wenn man nicht ins alte Natur- oder Vernunftrecht zurückkehren will, niemals das oder ein Recht sei, sondern vielmehr das System seiner logischen Bedingungen. Vor allem aber — und darin zeigt sich, daß es sich nicht nur um eine äußerliche Frage der Terminologie handelt, wie mancher meinen möchte — wo bleibt die Einheit des positiven Rechts, wenn die Rechtsgeschichte das Faktische, die Rechtsdogmatik das Juristische an ihm erforscht, als könnte es eine Geschichte geben, die nicht eine Geschichte von etwas wäre, und ein Etwas, das nicht irgendwie mit der Geschichte im Zusammenhang stünde!

So scheint sich das Zünglein wieder zugunsten der Rechtsgeschichte zu neigen, da es offenbar nicht gelingen will, eine andere Wissenschaft vom positiven Recht zu begründen. Und in der Tat hat man sich neuerdings der Sache nach wieder dazu bekannt, freilich unter Ablehnung der einseitigen Auffassung von der Rechtsgeschichte als Literaturgeschichte und unter dem neuartigen Namen der Rechtssoziologie, die aber in Wahrheit, soweit sie als „Morphologie der Gesellschaft" Erkenntnis des Rechtslebens zu sein beansprucht,[1]) nichts weiter als die Rechtsgeschichte der Gegenwart ist, so geschichtsfeindlich sie sich auch manchmal aufspielt. Darum ist dieser Jurisprudenz des „lebenden Rechts", indem sie die Rechtswirklichkeit und nicht das „Papierrecht" der Gesetze und Verordnungen erkennen

---

1) Ehrlich, Grundlegung der Soziologie des Rechts, 1913, S. 385.

will, die Rechtsdogmatik eine veraltete Scholastik, die den Ansprüchen einer modernen Wissenschaftstheorie nicht mehr genügt; und ganz zuletzt ist sogar in anspruchsvollster Weise der Versuch unternommen worden, sie mit Hilfe einer neuen Wissenschaft, die sich Theorie der Rechtserfahrung[1]) nennt, radikal zu „überwinden". Diese Theorie der Rechtserfahrung spricht dem Recht jede normative Bedeutung ab; es sei in keinem erdenklichen Sinne ein Sollen, wie man bisher ausnahmslos angenommen habe, sondern einzig und allein ein Sein[2]), weshalb die soziologische Auffassung gegenüber der normativen grundsätzlich im Recht sei, trotz ihrer unberechtigten subjektivistischen Betrachtungsweise.

Allein keine Rede von der „transzendentalen Methode der Rechtsphilosophie und dem Begriff des Rechtsverfahrens",[3]) so gelehrt sie auch auftrete, wird uns um die schlichte Einsicht bringen können, daß jedes Rechtsleben, wie gerade die Rechtserfahrung lehrt, entweder rechtmäßig oder rechtswidrig ist, so daß die radikale Austilgung alles Normativen und die damit zusammenhängende radikale Überwindung der Rechtsdogmatik von vornherein großen Zweifeln begegnet. Aber genau das Gleiche gilt von einer Rechtsdogmatik, die sich grundsätzlich um das Rechtsleben nicht kümmert, da ein Recht, das nicht im Leben, sondern in den Büchern steht, eher Literatur als Recht genannt zu werden verdient.

Somit kommt alles darauf an, die Beziehung von Recht und Wirklichkeit zu definieren, wovon das Schicksal der Rechtswissenschaft und ihr nicht ganz durchsichtiges Verhältnis zur Rechtsgeschichte abhängt. Mit andern Worten, die Seins- oder Wirklichkeitsweise des Rechts ist zu bestimmen; und dies ist, wie das Vorangehende schon ahnen läßt, nicht nur von theoretischer, sondern wie letzten Endes alles Theoretische auch von hervorragend praktischer Bedeutung, da Lebensnähe und -ferne von Recht und Rechtswissenschaft dadurch bedingt sind. Denn das Recht kann sich über die Art und Weise seines Seins nur dadurch klar werden, daß es sich auf das Sein überhaupt, d. h. auf seine Stellung in der Welt besinnt. Selbstkritik ist Weltkritik und kann gar nichts anderes sein, weshalb nur eine ihrer selbst gewisse Rechtswissenschaft dem oft erhobenen Vorwurf ihrer Weltfremdheit gewachsen ist.

Unter diesen Umständen ist es kein Wunder und eher ein gutes als ein schlechtes Zeichen, daß die Rechtswissenschaft gegenwärtig eine bis zur Auflösung gehende Unsicherheit hinsichtlich ihrer Methode und damit

---

1) Sander, Rechtsdogmatik oder Theorie der Rechtserfahrung, Zeitschr. f. öff. Recht, Bd. II, 1921, S. 511ff.

2) Sander, Das Recht als Sollen und das Recht als Sein. Arch. f. Rechts- u. Wirtschaftsphilosophie, Bd. XVII, 1924, S. 1.

3) Sander, Zeitschr. f. öff. Recht, Bd. I, 1920, S. 468ff.

ihres Gegenstandes verrät, wie der Streit um die Art und Weise der Rechtsfindung, um Rechtstatsachenforschung, Interessen- und Begriffsjurisprudenz, normative und soziologische Methode, und wie die Schlagworte sonst noch heißen mögen, beweist. Denn darin kommt zum Ausdruck, daß sie aus dem „dogmatischen Schlummer" aufgewacht ist, in den der von der historischen Schule vorbereitete positivistische Relativismus sie versenkt hatte. Wohl treibt die Rechtswissenschaft Philosophie, wenn sie, ihre Naivität aufgebend, um Klarheit über sich selber ringt, aber nur beschränkter Zunftgeist möchte ihr daraus einen Vorwurf machen, und jedenfalls bleibt ihr gar nichts anderes übrig, seitdem der klägliche Traum ausgeträumt ist, daß sie es nur mit dem brutalen Faktum einer zufälligen Gesetzgebung zu tun habe, seitdem der unsterbliche Gedanke des Natur- oder Vernunftrechts seine unverjährbaren Forderungen wieder angemeldet hat.[1])

Unternimmt die Rechtswissenschaft diese durch die Lage der Sache von ihr geforderte Selbstbesinnung, so droht sich ihr wie jeder ersten Betrachtung der Rätsel in und um uns die bis dahin einheitliche Welt in einen schroffen unversöhnlichen Dualismus auseinanderzulegen. Auf der einen Seite das Denken, auf der anderen die Welt als dessen Gegenstand, hier das Sein in des Wortes weitestem Verstande, dort das denkende Erkennen. Allein bei dem Versuche, diese Zweiweltentheorie durchzuführen, ergeben sich sofort unüberwindliche Schwierigkeiten, die sie zu radikaler Umstellung zwingen und damit über sich selbst hinausführen.[2]) Denn das erkennende Denken vollzieht sich in Urteilen, Schlüssen und Begriffen als der eigenen Gesetzlichkeit des Logischen. Aber wie wäre es erklärlich, daß solcherart richtig, d. h. gültig Gedachtes die Welt begriffe, auf die es sich erkennend richtet, wenn diese toto coelo von ihm verschieden wäre? Wie wäre es dann möglich, daß seine Sätze von dieser Welt gelten könnten, und worin unterschiede sich in diesem Falle das erkennende von dem erdichtenden Denken, die an den Gegenstand gebundene Forschung von seiner freien Erfindung? Auf solche und ähnliche Fragen gibt es nur eine Antwort, nämlich die: soll die Welt der denkenden Erkenntnis überhaupt zugänglich sein, so muß sie als den Bedingungen des Erkennens genügend vorausgesetzt werden. Ohne diese freilich unbeweisbare, jedoch sich nachträglich rechtfertigende Hypothesis gibt es keine in Urteilen, Begriffen und Schlüssen denkende, d. h. wissenschaftliche Erkenntnis der Welt, wo-

---

1) Manigk, Wie stehen wir heute zum Naturrecht? Arch. f. Rechts- u. Wirtschaftsphilosophie, Bd. XIX, 1926, S. 375ff. Die Idee des Naturrechts. In: Festgabe für Rud. Stammler, 1926, S. 1ff.

2) Lask, Die Logik der Philosophie und die Kategorienlehre. Gesammelte Schriften, Bd. II, 1922, S. 45ff.

mit nichts darüber ausgesagt ist, ob es nicht andere Arten der Erkenntnis, etwa durch mystische Schau oder religiöse Offenbarung, die von der erkennenden Logik des Schließens unabhängig sind, geben könnte. Nun ist die Bedingung oder das Gesetz des Denkens die Gegenständlichkeit auf der einen, die Ichheit auf der anderen Seite. Kein Denken und Erkennen ohne Gegenstand, den es meint, kein Denken und Erkennen ohne Ich, das meint. Also muß die Welt, die zu erkennen ist, dem Gesetz der Gegenständlichkeit und Ichheit als der Gesetzlichkeit des Denkbaren genügen, die sich in der Logik entfaltet, oder sie ist überhaupt schlechthin unerkennbar. Wie man das näher begründet, ob man das Sein von dem Denken „erzeugt" sein, oder Sein und Denken in dem Logischen als einer dritten Größe übereinstimmen läßt,[1]) das zu untersuchen, ist Sache der Erkenntnistheorie und hier nicht weiter zu verfolgen. Nur dem naheliegenden Mißverständnis sei entgegengetreten, als würde damit die Tyrannis der Logik, der Logizismus oder Panlogismus aufgerichtet. Das wäre nur dann der Fall, wenn die Welt in Logik aufgelöst und behauptet würde, daß alles an ihr logisch wäre, wovon hier mit keinem Wort die Rede war. Nur das wurde hervorgehoben, daß die Wissenschaft und ihr Gegenstand im Logischen beschlossen sind, daß Theorie und Logik dasselbe sind. Mag es sich also um Gegenstände und Iche realer oder idealer Art, logischen oder metalogischen Gehalts, um Erkenntnis a priori oder a posteriori, aus Vernunft oder Erfahrung handeln, Wissenschaft ist von ihnen nur möglich, wenn sie und soweit sie in logischer Form stehen, womit nicht gesagt ist, daß sie darum auch schon erkennbar sein müßten, da Erkennen wohl Denken, aber nicht alles Denken schon Erkennen ist. Somit muß auch das Recht, wenn es eine Wissenschaft davon geben soll, logische Struktur haben; sie aufsuchen heißt daher, den Gegenstand der Rechtswissenschaft und ihre Methode, ihren oft verkannten und geleugneten Ort in der idealen Akademie der Wissenschaften bestimmen. Denn die logische Struktur der Rechtsordnung ist die Seins- oder Wirklichkeitsweise des Rechts, seine Stellung in der Welt, die wir suchen. Das bedeutet nicht, um es noch einmal mit Nachdruck zu sagen, das Recht logisieren, zur Logik machen, was überhaupt eine ganz unvollziehbare Vorstellung ist und den Gegenstand zerstören würde, den es zu begreifen gilt. Denn zwar gibt es, da die Logik Theorie alles Denkbaren also auch des Logischen selbst ist, auch eine Logik von der Logik, in der Form und Inhalt sich im Logischen decken, aber ebensowenig wie in der Logik des Logischen wird in der Logik des „Metalogischen" dieses etwa dadurch logisiert, d. h. logisch

1) Dazu besonders Nikolai Hartmann, Metaphysik der Erkenntnis, 2. Aufl., 1925, S. 339ff.

vergewaltigt, daß es in logischer Form gedacht wird. Denn außerhalb von ihr wüßten wir schlechterdings nichts von ihm, da nur das Denkbare, d. h. in logischer Form Stehende, gedacht oder gewußt und damit erkannt werden kann. Das Logische braucht nicht und das Metalogische kann nicht logisiert werden. Wenn also das Juristische vom Logischen unterschieden ist, wofür mit der Sprache die Vermutung streitet, so bleibt es das, was es ist, auch bei der notwendig logischen Betrachtung.

I. DIE WELT

1. DIE WELT ALS LOGOS

Mit dem vorigen ist bereits der Anfang unserer Betrachtung gesetzt. Im Anfang war der Logos, wie er heute ist und sein wird. Denn er ist nicht in der Zeit, da die Zeit in ihm ist. Er ist der Anfang, weil er das All des Denkbaren ist, außer dem nichts ist und sein kann, weil es nicht gedacht werden könnte. Er ist somit das Absolute, da es nichts gibt, zu dem er in Beziehung stehen könnte, weshalb es auch nichts absolut Alogisches oder Metalogisches und kein absolutes Nichts gibt und geben kann. Ist aber der Logos absolut, so enthält er mit dem Denkbaren auch das Denken selbst, einmal weil es außerhalb von ihm nicht sein kann, wenn es ist, sodann weil ein Denkbares, das niemals in einem Denken seine Erfüllung finden könnte, eben kein Denkbares wäre. Denkbar sein heißt gedacht werden können, ein Gedachtwerdenkönnen aber, ohne das es ein Denken gäbe, wäre ein Widerspruch in sich selbst. Kein Denken ohne Denkbares, aber auch kein Denkbares ohne Denken. Somit ist der Logos das All des denkenden Denkbaren, Universum wie universales Denken, Objektivität wie Subjektivität, Gegenständlichkeit wie Ichheit, oder, um sich dieser ehrwürdigen Ausdrücke zu bedienen, Weltall wie Weltvernunft, was nicht im Sinne einer anthropomorphen Hypostasierung gemeint, vielmehr dahin zu verstehen ist, daß der Logos, da er selbst ohne Gegensatz und damit die Einheit aller Gegensätze ist, das System jeglicher Gedanklichkeit darstelle.

Ist der Logos das absolute Denkbare, so ist er absolute Möglichkeit, da das, was gedacht werden kann, ebenso das Denkmögliche ist wie das möglicherweise Gedachte. Somit kann es kein Un-mögliches im absoluten Sinne geben, da es aus dem Denken herausfiele. Andererseits ist das Mögliche nur deshalb ein Mögliches, weil es ermöglicht, und zwar ein anderes, das, wenn es auch nicht unmöglich sein kann, weil es das nicht gibt, doch aber von anderer Art der Möglichkeit sein muß wie das, von dem es ermöglicht wird. Dieses andere, vom Möglichen Ermöglichte nennen wir das Wirkliche. Dieses Wirkliche ist wohl auch möglich, da es sonst nicht sein könnte, aber es ist nicht nur möglich, sondern eben auch wirklich. Somit ist das Mögliche die Bedingung des Wirklichen. Freilich muß gerade darum und vor allem deshalb, weil es eine absolute Nicht-wirklichkeit im Sinne eines Nichts nicht gibt und geben kann, auch dem Möglichen Wirklichkeit zukommen, wenngleich von anderer Art. Somit ist der Logos absolute Möglichkeit und absolute Wirklichkeit in einem. Sein absolutes Denken unterscheidet sie nicht. Gerade darum aber sind sie für jedes andere Denken unterschieden, wie sich noch zeigen wird.

Aber das Absolute ist nicht nur Möglichkeit und Wirklichkeit, sondern auch Notwendigkeit. Ist nämlich außer ihm nichts denkbar, so kann es nur so und nicht anders sein, wie es ist, und das nennen wir Notwendigkeit. Daher gibt es nicht deren absolutes Gegenteil im Sinne absoluter Willkür, Zufälligkeit, Freiheit oder wie wir es sonst nennen wollen. Wohl aber eignet Notwendigkeit dem Möglichen und Wirklichen in verschiedener Weise. Das Mögliche ist immer das Notwendige, da außer ihm nichts gedacht werden kann, aber das Wirkliche als das bedingte Mögliche ist immer nur ein Mögliches, niemals das Mögliche, somit auch immer nur ein Notwendiges niemals das Notwendige. Das Wirkliche ist weder absolut nicht-notwendig, weil es das nicht gibt, noch absolut notwendig, weil es dann mit dem Möglichen zusammenfiele, das seine Bedingung ist. Die Wirklichkeit ist somit ein Drittes, nämlich Tatsächlichkeit oder Faktizität, ist Sache der Tat oder Setzung, und zwar, da sie im Denkbaren ist und sein muß, Sache des schöpferischen Denkens, freilich nicht des wirklichen Denkens, das selbst im Wirklichen ist, wohl aber des möglichen, d. h. reinen oder universalen Denkens, des Denkens der absoluten Vernunft. Das Absolute gliedert sich demnach, da es Denken des Denkbaren ist, in die praktische und in die theoretische Vernunft, praktisch, indem sie sich d e n k t, und theoretisch, indem sie s i c h denkt, und zwar, da sie reine Möglichkeit und Wirklichkeit ist, in die reine praktische und theoretische Vernunft und in die wirkliche praktische und theoretische Vernunft, wobei es freilich ein und dieselbe Vernunft ist, die also sich im All entfaltet.

Nimmt man Möglichkeit und Wirklichkeit absolut, so fallen sie zusammen, unterscheidet man sie aber, so sind sie relativ, und zwar relativ aufeinander. Keine Möglichkeit, die als Möglichkeit nicht Wirklichkeit bedingen oder begründen wollte, und keine Wirklichkeit, die nicht als Wirklichkeit von ihr bedingt und begründet wäre. Es gibt keine Wirklichkeit „an sich" und keine Möglichkeit „an sich". Vielmehr gibt es Wirklichkeit nur für ein mögliches Denken und mögliches Denken nur für eine Wirklichkeit, die es setzt. Denken heißt Wirkliches setzen. Aber nur im absoluten Denken fallen Wirklichkeit und Möglichkeit zusammen, wie wir wissen. Darum setzt das absolute Denken des Denkbaren mit der Möglichkeit immer die Wirklichkeit, und zwar die absolute Wirklichkeit. Das wirkliche Denken dagegen, weil es wirklich und darum relativ ist, setzt mit seinem Denken niemals die absolute, sondern immer nur die relative Wirklichkeit. Das will sagen, es setzt mit seinem Denken diejenige Wirklichkeit, die zu seinem Denken relativ ist. Denkt es Nur-mögliches, so setzt es dessen Wirklichkeit, nicht aber die wirkliche Wirklichkeit. Vielmehr setzt es die wirkliche Wirklichkeit, d. h. die Wirklichkeit im engeren Sinne, nur dann, wenn es sie so denkt, wie sie von dem absoluten Denken gesetzt ist, indem es sie ihr nachdenkt, soweit es das kann, welches geschieht in der Erfahrung. Erfahrung ist gebundenes Denken, ist Findung, nicht Erfindung, ist Erkennen, nicht Erdenken. Das Wirkliche ist dem Denken nicht gegeben, das es als ein Haben in ihm wäre, es muß es suchen, um es zu finden; aber es kann es andererseits auch nicht erfinden, muß es vielmehr hinnehmen, so wie es ist. Darum kann es aus dem Denkbaren als dem Möglichen niemals das Wirkliche ableiten oder deduzieren. Vielmehr muß es umgekehrt aus dem Wirklichen das Mögliche erschließen, indem es in kritischer Reflexion das Notwendige von dem Tatsächlichen sondert, d. h. herausentwickelt. Das Wirkliche ist ein Mögliches, nicht aber das Mögliche, es ist das besondere Mögliche des allgemeinen Möglichen und insofern im Möglichen enthalten; aber es ist zugleich auch, weil es eben das Wirkliche eines Möglichen ist, das andere des Möglichen und darum im Nur-möglichen nicht enthalten. Es ist im Gegensatz zu jenem nicht abstrakt, sondern konkret, es ist das wohl Denkbare, aber nicht Erdenkbare, das Individuelle, Einmalige, Einzige, das nur der denkenden Schau der Erfahrung zugänglich ist. Darum sagt Leopold v. Ranke, was uns später noch sehr beschäftigen wird, in seinem politischen Gespräch mit Recht: „Ohne Sprung, ohne neuen Anfang kann man aus dem Allgemeinen gar nicht in das Besondere gelangen. Das Real-Geistige, welches in ungeahnter Originalität Dir plötzlich vor den Augen steht, läßt sich von keinem höheren Prinzip ableiten. Aus dem Besonderen kannst Du wohl bedachtsam und kühn zu dem Allgemeinen aufsteigen; aus der allgemeinen Theorie gibt es keinen Weg zur Anschauung des Besonderen.“[1])

Zugleich aber ist klar, daß nicht nur das Wirkliche, sondern mit dem Wirklichen auch das Mögliche als dessen Bedingung zwar nicht durch Erfahrung, aber nur an der Erfahrung gewonnen werden kann, soweit es sich um Erkenntnis und nicht um Erfindung handelt. Wohl kann ich alles Mögliche denken und insoweit als wirklich setzen, wie die Wirklichkeit jeder Phantasieschöpfung zeigt. Aber dieses Denken des Möglichen ist nicht seine Erkenntnis. Vielmehr kann von einer solchen nur dort die

1) Mit einer Einführung von Friedrich Meineke herausgegeben, 1924, S. 35.

Rede sein, wo der Anspruch der Findung erhoben wird. Diesen Anspruch aber kann das Mögliche nur dann erheben, wenn es begründet, nämlich das Wirkliche begründet, das nur in der Erfahrung zugänglich ist. Darum sagt Kant[1]): „Wenn es also reine Begriffe a priori gibt, so können diese zwar freilich nichts Empirisches enthalten: Sie müssen aber gleichwohl lauter Bedingungen a priori zu einer möglichen Erfahrung sein, als worauf allein ihre objektive Realität beruhen kann." Darin zeigt sich von neuem, daß es ein Mögliches „an sich" nicht gibt, daß apriorische und aposteriorische, Vernunft- und Erfahrungserkenntnis zusammengehören, worauf Heinrich Maier[2]) neuestens mit allem Nachdruck hingewiesen hat.

Aber noch ein Weiteres ergibt sich hieraus. Sind Möglichkeit und Wirklichkeit aufeinander relativ und als Gegensätze niemals absolut, so gilt das Gleiche für die Begriffspaare allgemein-besonderes und abstrakt-konkretes. Es gibt kein Abstraktes „an sich" und kein Allgemeines „an sich", sondern immer nur ein Abstraktes von einem Konkreten und ein Allgemeines von einem Besonderen und umgekehrt. Das eine ist immer durch das andere bestimmt, und ich muß den Beziehungspunkt angeben, der sie sondert. Oder anders ausgedrückt: es gibt Grade der Abstraktheit und der Konkretheit, der Allgemeinheit und Besonderheit, und die Ordnung dieser Grade oder Beziehungspunkte ist das System der Wirklichkeit und Möglichkeit und damit des Absoluten. Ist dem aber so, so gibt es, was wichtiger ist und uns noch sehr beschäftigen wird, abgesehen von dem Absoluten selbst, auch kein Individuelles „an sich". Das Absolute ist in jeder Hinsicht, in allem und jedem individuell, d. h. einmalig, einzig, eigenhaft oder wie man es sonst nennen mag, weil außer ihm nichts gedacht werden kann. Das absolute Universum ist zugleich das absolute Individuum. Alles andere aber ist gerade darum, weil es nicht d a s, sondern e i n Individuum, nämlich eines unter anderen ist, niemals ganz und gar und in jeder Hinsicht einmalig, einzig, eigenhaft. Vielmehr muß bei ihm jeweilen die Beziehung angegeben werden, in der ihm diese Eigenschaft zukommt, womit sie ihm zugleich im übrigen abgesprochen ist. Anders ausgedrückt, das Individuelle ist zugleich immer notwendig auch nicht-individuell, d. h. universell. Es gibt Grade der Individualität oder, was dasselbe ist, Grade im Denken der Individualität eines Wirklichen. Wirkliches denken heißt immer Individuelles und Universelles an ihm denken. In diese beiden Grenzen ist jede Wirklichkeitserkenntnis unentrinnbar gespannt. Wohl kann sie sich mehr auf die eine, mehr auf die andere Seite, mehr auf das Individuelle, mehr auf das Universelle, mehr auf das Anschau-

1) Kritik der reinen Vernunft (ed. Kehrbach), S. 113.
2) Wahrheit und Wirklichkeit, Bd. I, 1926.

liche, mehr auf das Gedankliche hin bewegen, niemals aber unter Verzicht auf das eine ausschließlich auf das andere von beiden gerichtet sein. Sie kann mehr oder weniger allgemein anschaulich und mehr oder weniger allgemein gedanklich sein, aber weder kommt sie, weil sie Wirklichkeitserkenntnis ist, von dem Individuellen je ganz los noch ohne das Universelle je ganz aus, und niemals ist ihr Anschauen ganz ohne Denken und ihr Denken ganz ohne Anschauen. Denn alles Wirkliche ist notwendig ein individueller Fall von einem Universellen. Um dieses „Fall von etwas sein" kommt keine Wirklichkeitserkenntnis je herum. Aber es ist ein Verschiedenes, den Fall als diesen Fall und ihn als einen Fall zu betrachten. Dort handelt es sich um das, was ihn zu diesem einen Einzigen, zu dem macht, was für ihn und nur für ihn wesenhaft und typisch ist, hier um genau das Gegenteil, um das, was übrigbleibt, wenn man von dem insofern Unwesentlichen und Untypischen absieht. Mit anderen Worten: dort geht es um die Eigenart, hier um die Art eines Wirklichen, dort um den Typus, hier um die Spezies, dort um das Original, hier um das Exemplar, dort um das Absonderliche, hier um das Besondere, wobei in der Eigenart die Art, nicht aber in der Art die Eigenart mitgedacht wird.[1]) Darum hat wohl jede Eigenart Art, aber je eigner sie ist, um so mehr schlägt sie aus der Art, ist sie eine Art für sich. Beim „Letzten der Mohikaner", von dem man nicht wüßte, wovon er der Letzte ist, würden Eigenart und Art zusammenfallen. Aber über dieser wechselseitigen Beziehung von Art und Eigenart darf doch die grundsätzliche Verschiedenheit von Artbetrachtung und Eigenartbetrachtung nicht übersehen werden. Die Artbetrachtung, eben weil sie solche und nicht Eigenartbetrachtung ist, strebt grundsätzlich vom Eigen-typischen zum Atypischen, von der Art zur Gattung als dem Inbegriff der Bedingungen jeglicher Art; Artbetrachtung ist generalisierende Universalbetrachtung, wenngleich Wirklichkeits- und insofern Individualerkenntnis. Eigenartbetrachtung dagegen, eben weil sie solche und nicht Artbetrachtung ist, bleibt im Typischen, schreitet niemals zur generalisierenden Universalbetrachtung vor, die vom Eigentypischen absieht. Aber freilich, ist sie auch nicht generalisierend, so ist doch auch sie Universalbetrachtung, wie jene Individualerkenntnis ist; und zwar nicht nur deshalb, weil Individuelles und Universelles wechselweise aufeinander bezogen sind, weshalb es ein individuelles Universum des Individuellen gibt, sondern vor allem deshalb, weil das Individuelle als das Eigentypische das Besondere eines allgemeinen Typischen sein kann, freilich nicht zu sein braucht, was von dem Grade seiner Eigenheit abhängt. Somit tritt neben die generalisierende eine typisierende Universalbetrachtung, wobei zu be-

1) Vgl. dazu Theodor Litt, Erkenntnis und Leben, 1923, S. 70.

achten ist, daß sich jedes Individuelle wohl jener, nicht aber dieser einordnen lassen muß, weil hier das Eigene, das dort unterdrückt wird, möglicherweise dies nicht zuläßt.[1]) Wann aber das eine, wann das andere vorliegt, prägt sich in der Zulässigkeit des Demonstrativpronomens aus. So kann ich, um ein beliebiges Beispiel zu bilden, nicht sagen: dieser Pfarrer ist ein Geistlicher, sondern nur: der Pfarrer ist ein Geistlicher. Wohl aber kann ich sagen: dieser Pfarrer ist ein Pfarrer oder Geistlicher, wie er im Buche steht. Darin zeigt sich, wie der Typus das Eigenhafte bewahrt, das die Gattung zerstört. Aber während andererseits jeder Pfarrer ein Geistlicher ist, ist nicht jeder Pfarrer ein typischer Pfarrer oder Geistlicher, weil wohl die Art des Pfarrerseins in der Gattung des Geistlicherseins, nicht aber der Eigentypus jedes Pfarrers in dem Allgemeintypus des Pfarrers oder Geistlichen ist. Die Gattung ist die Norm der Art, der Typus die Norm der Eigenart.

Aber das Wirkliche bedarf noch einer weiteren schon angekündigten, letzten, wichtigen Kennzeichnung. Ist nämlich das Wirkliche im Möglichen begründet als das Besondere und Andere des Möglichen, und ist das Mögliche das Rationale, d. h. Begründbare, so ist das Wirkliche für das wirkliche Denken — und nur für dieses kommt es als solches in Betracht, wie wir wissen — ebenso rational wie irrational.[2]) Was wirklich ist, das ist vernünftig, dieser Satz hat seine volle Kraft; aber ebenso gilt auch sein Gegenteil: was wirklich ist, das ist nicht vernünftig. Es ist nicht absolut irrational, weil es dann aus dem Absoluten herausfiele, es ist aber auch nicht absolut rational, weil es dann mit dem Absoluten zusammenfiele. Es ist vielmehr relativ rational und damit zugleich auch relativ irrational. In diese beiden Pole ist es in ewiger Zwiespältigkeit gebannt, weshalb man mit Fug von seinem dialektischen Charakter geredet hat und redet. Wirkliches ist Hin und Her zwischen dem einen und dem anderen, ist Bewegung, die über sich hinaus zu einem neuen Dritten strebt. Es ist niemals absolut das eine und niemals absolut das andere, sondern immer das eine und das andere, freilich beides nur bis zu einem gewissen Grade, weil eben relativ. Es ist niemals „Reinheit", immer Zwiespalt, immer auch das Gegenteil seiner selbst, weshalb es unter Wirklichem keine absoluten, sondern immer nur relative Gegensätze gibt und geben kann. Wirkliches kennt keine radikale Ausschließlichkeit.

Nichts ist drinnen,
Nichts ist draußen,
Denn was innen ist,
Ist außen.

---

1) Vgl. hierzu Schulze-Sölde, Der Einzelne und sein Staat, 1922, S. 23.
2) Dazu Bruno Bauch, Wahrheit, Wert und Wirklichkeit, 1923, S. 369.

Somit ist das Wirkliche das Unendliche „im schlechten Sinne“ und darum gerade das Endliche, das immer unfertig ist in Zeit und Raum „als der Widerspruch seiner in sich“.[1]) Es ist also das Unvollendete und Unvollendbare, weil niemals Absolute. So erklärt sich die ewige Liebessehnsucht, mit der jedes Wirkliche sein anderes sucht, das es zur Absolutheit ergänzt, so der unaufhebliche Drang zu dem ad unum reduci, der die Ehre des Mittelalters war und durch keine Flachheit alten und neuen Relativismus, mag er sich skeptizistisch, positivistisch, historistisch oder sonstwie gebärden, jemals kann vernichtet werden. Darum heißt alles Wirkliche relativieren das Absolute voraussetzen, ohne das diese Rede ebenso widersinnig ist wie der Zweifel an „allem“, der nicht vor sich selber haltmacht. Darum ist der, der auch nur bei einem Gegensatz stehenbleibt, noch im Vorletzten, nicht im Letzten, das jeden Widerspruch, ohne ihn anzutasten, zur Einheit aufhebt, indem es ihn begreift. Darum ist endlich auch, was fast das wichtigste ist, der nicht in der Wirklichkeit, sondern im Reich der Phantasie, der „Reinheit“ ihrer Gegenstände oder, was dasselbe ist, ihrer Methoden im absoluten Sinne fordert. Denn da Reinheit im absoluten Sinne absolute Einheit bedeutet, so fällt bei solchem Beginnen gerade das unter den Tisch, was das Wesen des Wirklichen ausmacht, nämlich seine Zwiespältigkeit. Wohl ist das Wirkliche Einheit, aber nur in dem Sinne, als Zweiheit Einheit ist. Es ist eine formale, aber keine materiale, d. h. eine relative Einheit, was in der relativen Reinheit seiner Methode, in deren relativer Eindeutigkeit zum Ausdruck kommt und kommen muß. Wirklichkeitstheorie ist notwendig Zweiseitentheorie. Damit ist, um das vorwegzunehmen, Kelsens Reine Rechtslehre, worin ich mit Erich Kaufmann[2]) übereinstimme, grundsätzlich erledigt, was ich deshalb so nachdrücklich betone, als ich ihr früher nicht unerhebliche Zugeständnisse gemacht habe, so daß mich, was freilich schon damals nicht zutraf[3]), Oeschey geradezu ihren Anhänger genannt hat in einer Kritik[4]), deren Höhe ihren herablassenden Ton schwerlich rechtfertigen dürfte. Das Absolute aber, um damit diese Betrachtung abzuschließen, ist nicht jenseits des Wirklichen, weil es dann nicht absolut wäre, es ist auch nicht so im Wirklichen, daß

1) Hegel, Wissenschaft der Logik, Bd. I (ed. Lasson), S. 124.

2) Kritik der Neukantischen Rechtsphilosophie, 1921, bes. S. 66.

3) Ich verweise besonders auf S. 93 meiner Abhandlung Die juristische Methode im Kirchenrecht, wo es heißt: Rechtssätze „an sich“, mit denen es die juristische Methode zu tun hat, sagen nichts aus, Rechtstatsachen „an sich“, mit denen es die soziologische Methode zu tun hat, stehen nicht fest. Die eine Methode fordert die andere, wie die eine Hälfte eines Ganzen die andere“, Archiv für Rechts- und Wirtschaftsphilosophie, Bd. 18, 1924.

4) Evangelisches Kirchenrecht? In: Allgemeine evangelisch-lutherische Kirchenzeitung, Jahrg. 58, 1925, S. 831 ff.

es mit ihm zusammenfiele, weil dann auch dieses absolut wäre; vielmehr ist umgekehrt das Wirkliche im Absoluten als Teil des Absoluten und darum eben nicht Absolutes, sondern Relatives. Indessen, trotzdem das Wirkliche dem Absoluten ein- und untergeordnet ist, wissen wir auch von diesem nicht ohne Erfahrung, wenngleich nicht aus Erfahrung, und zwar deshalb, weil es das System der Erfahrung und seiner Bedingungen ist, womit jeder Gedanke an eine unzulässige Hypostasierung des Absoluten abgewiesen ist.

Ist das Absolute das sich denkende Denkbare, somit Gegenständlichkeit und Ichheit zugleich, so begründet es damit den Gegensatz von Gegenstand und Ich. Ich ist, was der Bedingung der Ichheit genügt, indem es um sich weiß;[1]) Gegenstand ist, was der Bedingung der Gegenständlichkeit genügt, indem es ein Etwas ist. Der Gegenstand ist kein Ich, weil er nicht um sich weiß; das Ich kein Gegenstand, eben weil es um sich weiß. So gliedert sich der Logos in Gegenstands- und Ich-Logik, in die Logik im engeren Sinne und in Psychologie.[2]) Aber freilich, schließen sich Ich und Gegenstand auch aus, so sind sie doch nicht ohne Beziehung, dies nicht nur deshalb, weil die Gegenstände dem Ich entgegenstehen, sondern auch darum, weil das Ich, indem es um sich weiß, etwas weiß, so daß auch dem Ichhaften eine gegenständliche Seite abgewonnen werden kann, was später von Bedeutung sein wird.

Sind Gegenstand und Ich durch den Logos bedingt, so sind sie relativ und nicht absolut. Gegenstand und Ich sein heißt relativ und damit wirklich, zugleich aber auch möglich sein. Darum ist das Absolute weder Gegenstand noch Ich im strengen Sinne, somit die Weltvernunft keine unzulässige Hypostasierung, wie mancher meinen möchte. Vielmehr ist sie das System der logischen Bedingungen wirklicher und damit auch möglicher Gegenstände und Iche. Somit unterscheiden wir mögliche und wirkliche, ideale und reale, reine und empirische, apriorische und aposteriorische, Vernunft- und Erfahrungsgegenstände und -Iche. Zugleich auch ist klar, daß ein Wirkliches — Gegenstand oder Ich — begreifen, die Frage seiner Möglichkeit erörtern heißt, und daß schlechterdings uns kein Wirkliches begegnen kann, das sich dieser Frage entzöge und in seiner „Faktizität" einfach hingenommen werden könnte oder müßte. Denn das Wirkliche ist wohl Faktum, niemals aber bloß Faktum, vielmehr begründet im Möglichen, was es auch sei. Freilich ist damit nicht gesagt, daß diese immer sinnvoll gestellte Frage auch stets beantwortet werden könnte.

1) Vgl. hierzu und zu dem Folgenden Hönigswald, Die Grundlagen der Denkpsychologie, 2. Aufl., 1925, S. 106ff.

2) Vgl. hierzu Bruno Bauch, Logos und Psyche. Logos Bd. XV, 1926 S. 173ff.

Denn da wir, die wir fragen, selbst im Wirklichen sind — und nur für uns kommt dieses Fragen in Betracht --, ist auch unser Wissen und Erkennen endlich, was jetzt zu erörtern ist.

Ist das Wirkliche Wirkliches für ein mögliches Denken, ist, was dasselbe ist, das Universum universales Denken, so weiß dieses Denken um die ganze Welt und ganz um die Welt; denn es ist die Welt als das System der Erfahrung und ihrer Bedingungen. Es weiß alles und weiß es so, wie es ist, und ganz gewiß, weil es von ihm gesetzt ist. Das absolute Wissen ist absolute Wahrheit und absolute Gewißheit. Darum gibt es keine absolute Unwahrheit und keine absolute Ungewißheit, weil sie aus dem absoluten Denken und damit aus der Denkbarkeit herausfielen. Wohl aber gibt es relative Unwahrheit und relative Ungewißheit, d. h. Irrtum und Zweifel; und zwar ist das die Denkweise des Ichs als des vom Absoluten Bedingten. Das Ich denkt relativ wahr und damit auch unwahr, das Ich denkt relativ gewiß und damit auch ungewiß. Es irrt und zweifelt. Ich sein heißt geradezu irrendes und zweifelndes Ich sein. Wohl weiß das Ich um sich, weil das die Bedingung seiner Möglichkeit ist, wodurch es sich vom Gegenstand unterscheidet. Verliert es dieses Bewußtsein in der Bewußtlosigkeit, so ist es damit auf den Nullpunkt seiner selbst gesunken, von dem es erst wieder aufsteigt, wenn es wieder „zu sich kommt". Wohl weiß es, wenn es um sich weiß, ganz um sich, ohne Irrtum und Zweifel. Denn indem es an sich zweifelt und über sich irrt, setzt es sich gerade voraus, freilich nur insoweit, daß es an sich im Zweifel und über sich im Irrtum ist und sein kann. Somit ist sein Wissen um sich doch nicht in allem und jedem ohne Irrtum und Zweifel, d. h. absolut wahr und gewiß. Äußert sich aber die Relativität des Denkens des Ichs schon gegenüber sich selbst, so nimmt diese zu, je mehr es sich vom Zentrum nach der Peripherie hin bewegt, weil dann die Möglichkeit der Täuschung zunimmt, was ebenso für die innere wie äußere Erfahrung, für die Erfahrungs- wie für die Vernunfterkenntnis gilt. Wohl ist das Denken des Ichs, weil von der Denkbarkeit bedingt, auf die ganze Welt bezogen, wohl ist sie ihm wißbar. Aber kein Ich weiß wirklich alles, und kein Ich weiß das, was es von der Welt weiß, ohne Irrtum und Zweifel. Vielmehr steht auf jeder seiner Wissenschaftsberichte wie bei den Rechnungen im Kontokorrent: salvis erroribus et omissionibus. Denn da unser wirkliches Wissen nicht das absolute Wissen ist, eben weil es relativ ist, können wir nie entscheiden, ob es mit dem universalen Wissen übereinstimmt oder nicht. Es gibt schlechterdings keine Kriterien der Wahrheit und Gewißheit und kann sie nicht geben. Auch die gewissesten Wahrheiten, die wir denken, sind Wahrheitsansprüche, können Irrtümer sein.[1]) Aber wenn wir auch nie die ganze und ganz die Wahrheit haben,

1) Dazu Pichler, Vom Wesen der Erkenntnis, 1926, S. 8ff.

so sind wir doch auf beides gerichtet. Im System, das freilich immer ein „offenes" sein muß, weil wir eben als Ich immer im Relativen verbleiben, wenngleich wir als Vernunft um das Absolute wissen, werden die einzelnen Wahrheitsansprüche geprüft und gegeneinander verrechnet, wie die Ansprüche des Geschäftslebens in der obersten Abrechnungsstelle, die sich allerdings auch verrechnen kann. Wahres bewährt sich, bewährt sich im System als der Gesamtheit des Wissens, die freilich nicht absolut ist.

2. DIE WELT ALS ETHOS

So ist der Logos der, ohn' den nichts ist, was ist, von dem wir alles haben. Aber er begründet nicht bloß Gegenstands- und Ichlogik, sondern auch ein Drittes, die Logik des Richtigen, wie im vorigen schon angedeutet. Gegenstände sind und auch das Ich ist, jene indem sie dem Wissen entgegenstehen, dieses indem es um sich und möglicherweise auch um sie weiß, mag es sich dabei um Sein der Möglichkeit oder der Wirklichkeit, um Ideales oder Reales, um reines oder empirisches Wissen, um das Ich der Vernunft oder der Erfahrung handeln. Sie sind, indem sie in dem absoluten Denken und damit in der Wahrheit sind; darum gilt Wahrheit von ihnen. Aber sie gilt nicht bloß von den Gegenständen und Ichen, sondern auch für die Iche. Zwar ist diese Geltung, weil sie Geltung der Wahrheit ist, die das Prinzip des Absoluten ist, selbst absolut und unabhängig von irgendeinem außer ihr, das es überhaupt nicht gibt. Wohl aber gilt sie insofern für die Iche, als es kein Denken gibt und geben kann, das keine Beziehung auf sie hätte, und wäre es auch nur negativ, insoweit es keine Wahrheit beansprucht, wie das Erdenken und Erfinden im Gegensatz zum Finden und Erkennen. Allein die Wahrheit begründet nicht nur den Unterschied von Erdenken und Erkennen, sondern auch innerhalb des Erkennens den von wahrer und falscher, gültiger und ungültiger Erkenntnis. Die Wahrheit begründet alles, nicht weniger und nicht mehr. Nicht weniger, weil nichts gedacht werden kann, das nicht auf sein Verhältnis zur Wahrheit geprüft werden könnte und, wenn es Erkenntnis zu sein behauptet, geprüft werden müßte, wie wir schon bei der Frage nach den Bedingungen der Möglichkeit eines Wirklichen gesehen haben. Aber auch nicht mehr, da sie völlig unempfindlich dagegen ist, ob sie auch gedacht wird. Die Wahrheit begründet, aber sie fordert nicht. Sie fordert weder, daß sie, noch daß überhaupt gedacht wird. Sie sagt nur, daß, wer etwas denken will, es so denken muß, wie es ist, weil er es sonst verfehlt. Die Wahrheit ist kein Sollen im Sinn von Verpflichtung, woran man bei Sollen allzu leicht denkt. Vielmehr ist sie ein Sollen im Sinne von Begründung. Wer in ihr denkt, denkt so, wie er denken soll, wenn er etwas ergründen will. Sie ist das Prinzip theoretischer oder logischer Richtigkeit, das Gesetz des Begründeten, Norm des Gedachten, aber damit auch des Denkens, da Denken und Gedachtes aufeinander relativ sind.

Allein das Denken ist nicht bloß auf das Gedachte bezogen. Gedachtes ist Theorie, Denken dagegen nicht Theorie, sondern, wenn man so sagen darf, Theoretik, ist Mühe, Arbeit und Anstrengung, wie jeder weiß, der einmal gedacht und nicht nur geträumt hat. Denken ist Praxis, actio, Handlung, weshalb Fichte[1]) mit Recht sagt; „Das Ich ist, was es ist, im Handeln, das Objekt im Sein." Freilich ist das Denken, weil es Anschauen ist, noch nicht Handlung im hervorragenden Sinne des Wortes, vielmehr der Nullpunkt des Handelns. Denn man denkt nicht mit der Hand, sondern mit dem Kopfe, wenngleich nicht nur mit dem Kopfe, sobald man seine Gedanken „äußert". Andererseits handelt man mit der Hand, jedoch nicht nur mit ihr, sondern auch mit dem Kopfe. Wohl redet man von einem kopflosen Handeln, wenn jemand dabei nicht genügend überlegt und sich sein Handeln nicht recht ins Bewußtsein hebt. Aber gerade dabei wird das Bewußtsein vorausgesetzt. Fehlt es mir nämlich daran, weil ich bewußtlos bin, so kann ich überhaupt nicht handeln, weder bewußt, noch unbewußt, da Handeln immer Ich handle bedeutet. Erst wenn ich wieder zu mir gekommen bin, kann ich wieder handeln. Was in der Zwischenzeit an dem Körper, der mit dem Bewußtsein aufgehört hat, „mein Körper" zu sein, vor sich gegangen ist, ist nicht Handlung meines Ichs, das in der Bewußtlosigkeit auf dem Nullpunkt ist, sondern Bewegung eines Körperlichen, gehört in die Gegenstands-, nicht in die Ichlogik, in die Psychiatrie, nicht aber in die Psychologie.[2]) So ist Handlung nicht ohne Denken, wie Denken nicht ohne Handlung. Dem Nullpunkt des handlosen Denkens aber entspricht auf der anderen Seite der Nullpunkt des gedankenlosen Handelns. In diese beiden Pole ist alles denkende Handeln und handelnde Denken gespannt. Jedoch ist das Handeln erst dann recht eigentlich zu sich selber gekommen, wenn es das Hin und Her schwankenden Denkens und Überlegens überwunden hat im Entschluß oder Beschluß, und das nennen wir Wollen. Handeln ist Wollen. Das Wollen ist die Lust und der Sinn der Praxis. Aber kein Wollen ohne Denken, weshalb Natorps[3]) Aufforderung: Wolle einmal wollen und nicht denken! undurchführbar sein dürfte. Somit ist auch das Wollen, weil es vom Denken begleitet ist, insoweit auf die Wahrheit bezogen, freilich nicht unmittelbar, sondern mittelbar. Das will nicht nur sagen, daß es eine Wahrheit vom Wollen, eine Logik oder Theorie der Praxis gibt, was ein ganz

1) Grundlagen des Naturrechts nach den Prinzipien der Wissenschaftslehre, 1796 (ed. J. H. Fichte), Bd. III, 1845, S. 28.

2) Dazu vor allem Hönigswald: a. a. O. S. 329ff. u. 237ff.

3) Praktische Philosophie, 1925, S. 78.

anderes ist; vielmehr ist gemeint, daß auch das Wollen selbst, nicht nur das Denken des Wollens mittelbar der Norm logischer Richtigkeit unterliegt, insofern nicht wollbar ist, was nicht denkbar ist. Aber mehr als das. Untersteht das Ich im Denken der Norm des Denkens, der Wahrheit, so muß bei der Wechselbezogenheit von Denken und Wollen auch für das Wollen Entsprechendes gelten. Die Einheit des Ichs, das denkt, indem es will, und will, indem es denkt, würde zerbrechen, wenn es nur im Denken, nicht aber auch im Wollen dem Gedanken der Richtigkeit begegnete. Wie die absolute Vernunft, die als theoretische sich denkt und als praktische sich denkt, immer gleicherweise bei sich selbst ist, d. h. das Prinzip absoluter Richtigkeit darstellt, indem außer ihr nichts ist, das sie sein könnte, so daß sie so denkt und handelt, wie sie denken und handeln soll, also muß auch die von ihr bedingte wirkliche Vernunft nicht nur in der Theorie, sondern auch in der Praxis auf Richtigkeit bezogen sein. Somit soll das Ich nicht nur wahr denken, wenn es etwas ergründen will, sondern es soll etwas ergründen wollen, wie überhaupt richtig handeln. Es ist dazu verpflichtet, womit sich das Absolute als Ethos offenbart. Das Absolute ist Logos, indem es begründet, und es ist Ethos, indem es verpflichtet. Dort nennen wir es das Prinzip des Wahren, hier nennen wir es das Prinzip des Guten. Dazu tritt endlich als Drittes, um das nur anzudeuten, das Prinzip des Schönen als der ästhetischen Richtigkeit für das Handeln, das nicht nur Denken und nicht nur Wollen, sondern darüber hinaus Schaffen ist, das Gesetz für jedes „Dichten", d. h. Erwirklichen, da eben, womit natürlich keine sprachliche Verwandtschaft behauptet wird, das Wirkliche oder Konkrete das Dichte ist. Schönheit gestaltet, was seine Urbedeutung ist,[1]) wie Wahrheit begründet, beide, ohne zu verpflichten. Aber das Gute verpflichtet, verpflichtet auch zu ihnen. Der Forscher sucht das Wahre, der Künstler schafft das Schöne aus der Leidenschaft seines Herzens, nicht aus Pflicht;[2]) und es ist doch Pflicht.

Verpflichtet das Ethos zu gutem Denken, Tun und Dichten, so ist begreiflich, daß man von einem Primat der praktischen Vernunft geredet hat und redet, und insofern auch mit Recht, als das Denken vor dem Gedachten ist. Aber freilich, die ethische Vernunft ist damit nicht die erste unter ihren Schwestern. Denn das Gute, Wahre und Schöne ist schlechterdings das eine einzige Richtige, das sich ebenso wie die Praxis selbst nur methodisch auseinanderlegt.[3]) Wie jedes Denken zugleich etwas vom Wollen und Schaffen, jedes Wollen etwas vom Denken und Schaffen und erst-

1) Kluge, Etymologisches Wörterbuch der deutschen Sprache, 9. Aufl., 1921, S. 408.

2) Vgl. hierzu Schulze-Sölde, Das Gesetz der Schönheit, 1925, S. 85.

3) So auch Emge, a. a. O. S. 45.

recht jedes Schaffen etwas vom Denken und Wollen in sich hat, also ist auch das Gesetz dafür eines, wenngleich dreifach gegliedert. Wahrheit und Schönheit würden ihre Absolutheit einbüßen, wenn ihnen das Gute als das Erste voranginge. Sie wären dann relativ, bezogen auf das Ethos, was völlig ausgeschlossen ist. Denn die Wahrheit — vom Schönen wollen und können wir fortan absehen — ist ganz und gar ein Letztes, nicht ein Vorletztes, weshalb es keinen Sinn hat, zu fragen, ob sie ist, da die gesuchte Antwort, wie sie auch ausfalle, wahr sein soll. Die Wahrheit begründet alles, darum ist sie selbst ohne Grund, in sich ruhend, d. h. absolut. Ist aber das Wahre unbezweifelbar gewiß, so ist es damit das Gute als seine andere Methode auch, und zwar nur deshalb. Denn das Gute ist zwar absolut, so daß ich nach der Bedingung seiner Möglichkeit ebensowenig fragen kann wie bei der Wahrheit. Aber woher wüßte ich von ihm, wenn nicht aus der Wahrheit? Nicht um den Seinsgrund, um den Erkenntnisgrund des Guten handelt es sich. Wohl mag mir mein Gewissen sagen, was im einzelnen Falle gut sei, wie Kant gelehrt hat. Aber diese Behauptung Kants, wie jede andere theoretische Behauptung, bedarf der Begründung. Worin liegt es, daß das Gewissen diesen unerhörten Anspruch, Gericht des Guten zu sein, erheben darf? Nicht das, was das Gewissen sagt, sondern, daß es mir das Gute sagt, bedarf der Begründung. Darum hat Hermann Cohen[1]), nach dem Faktum einer Wissenschaft ausschauend, die Ethik auf die Rechtswissenschaft gegründet, dahingegen Natorp[2]) der Ansicht war, man müsse das Gesetz der Praxis aus dieser selbst, nämlich aus der Geschichte, deduzieren. Allein das Ethos kann nur dann aus Recht oder Geschichte deduziert werden, wenn es die Bedingung ihrer Möglichkeit ist, was nur auf dem Umwege über die Wahrheit nachgewiesen werden kann. Die Bedingung der Möglichkeit der Praxis und damit des Rechts ebenso wie der Geschichte ist das Ich, da Handeln Ich-bestimmt ist, wie sich gezeigt hat und noch weiter zeigen wird. Aber daraus ergibt sich nicht unmittelbar, daß sie auf das Gute bezogen ist. Wie die Sonne über Gute und Böse scheint, also ist auch die Praxis beiden gemein. Praxis kann gut und böse sein. Demnach kann das Gute nur in der Wahrheit begründet sein, oder es ist überhaupt unbegründbar, womit die Ethik als Wissenschaft vom Ethos, was nicht mit ethischer Psychologie verwechselt werden darf, steht und fällt. Aber das Ethos gründet in der Wahrheit, im Logos, wie wir wissen, als dessen andere, von der Einheit des Ichs geforderte Methode. Das Gute ist der Wille in seiner Wahrheit, wie Hegel[3]) sagt. Daß ich bin, indem ich mich denke, daß ich handle, indem

1) Ethik des reinen Willens, 4. Aufl., S. 67.
2) Natorp, a. a. O. S. 31.
3) Rechtsphilosophie (ed. Lasson), S. 110.

ich mich als seiend denke, daß ich unbezweifelbar wahr denke und richtig handele, indem ich handelnd mich denke, das ist der letzte Erkenntnisgrund des Guten und das ethische Minimum, von dem es zu und mit dem Wollen aufsteigend zum Maximum des Sollens sich entfaltet. Anders ausgedrückt: mit dem Ich ist die Gewißheit des Wahren wie des Guten, sein Wissen wie Gewissen gesetzt. Selbstbewußtsein ist sittliches Bewußtsein. Aber freilich, wie ich nicht ohne Zweifel und Irrtum weiß, wann Wahrheit ist, obwohl ich ohne Irrtum und Zweifel weiß, daß Wahrheit ist, also weiß ich auch nicht ohne Zweifel und Irrtum, wann das Gute ist, obwohl oder gerade indem ich es als unbezweifelbar dadurch voraussetze. Das wirkliche Gewissen ist notwendig irrendes und zweifelndes, weil nicht das absolute Gewissen, wie Bruno Bauchs Ethik[1]) mit Recht nachdrücklich hervorhebt. Jedoch, wie das wirkliche Wissen seinen Halt, wenn auch nicht seinen Grund, im Gesamtwissen seiner Zeit, in der Wissenschaft, findet, also auch das wirkliche Gewissen im Gesamtgewissen seiner Zeit, der Moral. Nicht ist das Gesamtgewissen das Gute, wie das Gesamtwissen nicht das Wahre. Die Wissenschaft begründet nicht, sondern behauptet Begründetes, d. h. Wahres. Desgleichen die Moral, sie verpflichtet nicht, sondern behauptet Verpflichtendes, d. h. Gutes Wissenschaft ist Lehre des Wahren; nicht Wahrheit, sondern Wahrheitsanspruch. Moral ist Predigt des Guten; nicht Sollen, sondern Sollensanspruch, d. h. Imperativ. Ich aber sage euch, das ist die Rede der Moral.[2]) Moral oder zu deutsch Sittlichkeit ist nicht das Ethos, wofür sie sich gerne ausgibt, auch nicht Wissenschaft, weder Ethik, worunter die Wissenschaft von dem Ethos, noch auch Moralwissenschaft, worunter die Wissenschaft von den Moralen zu verstehen ist. Des Guten ist eines und der Wahrheit ist eine, aber der Moralen und Wissenschaften gibt es viele in Zeit und Raum. Das Gute und das Wahre sind absolut, die Moralen und Wissenschaften sind relativ, sind gesetzt in Zeit und Raum. Moral ist notwendig positive Moral und Wissenschaft notwendig positive Wissenschaft. Darum gibt es bei Völkern und einzelnen hohe und niedere Moral oder Sittlichkeit, niemals aber redet man von hoher oder niedriger Ethik. Somit ist die Verkündung einer neuen Moral wohl Ungehorsam gegen die alte, nicht aber pflichtwidrig, sofern sie wie etwa bei Jesus oder Luther aus dem Gewissen heraus geschieht, wohl unmoralisch, nicht aber unethisch, wohl unsittlich im Sinne der guten Sitten, nicht aber unsittlich im Sinne des Guten, in jedem Falle aber tragisch im tiefen Sinne einer schuldlosen Schuld, worin sich das Antinomische, das Zwiespältige alles Wirklichen und damit Geschichtlichen offenbart. So ist es wohl mög-

1) Kultur der Gegenwart, Teil I, Abt. 6, 3. Aufl., 1921, S. 259.

2) Pichler, Grundzüge der Ethik, 1919, S. 7. — Scheler, Der Formalismus in der Ethik und die materiale Wertethik, 2. Aufl., 1921, S. 215ff., 340.

lich, daß mein Wissen und Gewissen mehr weiß als das Gesamtwissen und -gewissen, worauf aller theoretischer und ethischer Fortschritt beruht; aber wer die Tafeln des Gesamtwissens und -gewissens in einem oder allem zu zerschlagen unternimmt, möge wohl zusehen, ob er mit seinem Gewissen dabei im Einklang bleibe.

3. DIE WELT ALS GESCHICHTE

Mit dem zuletzt Gesagten ist bereits ein Moment berührt, das nunmehr der Entfaltung bedarf, das Verhältnis von Sein und Sollen, Wirklichkeit und Wert hinsichtlich der Zeit. Ist die Norm des Guten, Wahren, Schönen absolut, so gibt es außerhalb von ihr kein Sein und keine Wirklichkeit, also auch keinerlei Verwirklichung ihrer selbst. Absolutes Sollen kennt kein Sein, auf daß es relativ wäre. Absolutes Sollen ist vielmehr selbst absolutes Sein, indem das Absolute so ist, wie es sein soll, da außerhalb von ihm nichts gedacht werden kann. Ist dem aber so, so ist das vom Absoluten bedingte Wirkliche einerseits zwar zugleich vom Sein und vom Sollen bestimmt, also ebensowohl seiend wie gesollt, andererseits aber niemals in allem und jedem so, wie es sein soll. Mit anderen Worten: die Gegenstände sind nicht nur Objekte des Wissens und die Iche Subjekte des Wissens, sondern sie sind zugleich auch Aufgaben des Wissens. Sie sind nicht gegeben, sondern aufgegeben. Das Ich soll um die Gegenstände und ihre Wahrheit ringen, wie es um sich selbst und seine Sittlichkeit ringen soll. Aber freilich, dieses Streben kommt niemals ans Ziel. Niemals ist ein wirkliches Erkennen absolut wahr und niemals ein wirkliches Wollen absolut gut. In irgendeiner Hinsicht muß es ihm notwendig immer daran fehlen. Denn würde das Sollen des Wahren und Guten je absolut erfüllt, so würde es erlöschen und mit dem Sein zusammenfallen. Dann wäre das Relative absolut geworden, Wirkliches und Mögliches, Gegenstände und Iche wären eins, alles wäre eins und kein Gegensatz mehr weit und breit. Aber solange das Ich nicht Ichheit ist, was seinen Tod bedeutete, bleibt es als Bedingtes relativ und damit im Widerspruch. Es soll absolut verwirklichen, was es nur relativ verwirklichen kann, es soll das Absolute schaffen, wiewohl es ein Relatives ist, gerichtet auf das Absolute und gerichtet von dem Absoluten, das als eine unendliche Aufgabe, als Idee, ihm entgegensteht. Aber freilich, ist dieser Widerspruch auch schwer und drückend, so ist er doch sinnvoll, weil das Relative, wiewohl nicht das Absolute, so doch im Absoluten ist. Die Idee des Guten, Wahren, Schönen ist dem Ich nicht absolut transzendent, auch nicht absolut immanent, sie ist zugleich in ihm und über ihm, daß es sie hat und auch nicht hat, was der Sinn alles Strebens ist.

Fordert die Idee als absolute Norm relative Verwirklichung, so ist klar, daß dies nur in Zeit und Raum und nur von einem Ich vollzogen werden kann. Denn Verwirklichung ist in Zeit und Raum gebannt und, weil Handlung, auch Ich-bezogen. Das Wirkliche in Zeit und Raum aber ist das, was „mit der Empfindung zusammenhängt", wie Kant gesagt hat,[1]) ist das Sinnliche, das man mit Auge, Ohr, Mund, Nase oder Hand wahrnehmen kann als das Körperliche der Natur. Also ist die Handlung, die Ideen verwirklicht, immer in der Natur und an deren Körperlichkeit gebunden. Keine Handlung ohne Körper. Aber auch keine Handlung ohne Ich. Darum ist das wirkliche Ich wohl in der Natur, aber nicht selbst Natur, da es um sich weiß, weshalb noch niemals jemand ein Ich sinnlich wahrgenommen hat. Darum ist aber auch das Werk, das vom Ich durch Handlung im Hinblick auf die Ideen Verwirklichte, ebenso in der sinnlichen Natur wie nicht in der Natur. Es ist insofern in der Natur, als es notwendig körperlich, leiblich oder stofflich ist, es ist nicht in der Natur, insofern es notwendig Ich-haft und Ideen-haft ist. Kein Werk ohne Stoff, aber auch kein Werk ohne Ich und Idee. Darum kommt das Werk im Stoff und vergeht mit ihm, aber nur der erfährt das Werk, der in dem Stoff das Ich und die Idee sieht, weshalb es nicht nur , paradox und despektierlich", sondern im strengsten Verstande sinnlos ist, wenn Siegmund Schloßmann[2]) vom Rechtsgesetz e'nmal sagt, es sei eigent'ich eine „Kombination von Papier und Druckerschwärze". Vielmehr heißt es vom Werk:

Der allein besitzt die Musen,
Der sie trägt im warmen Busen,
Dem Vandalen sind sie Stein.

So ist das Werk weder Natur noch Ich, noch Idee, sondern vielmehr deren ungeteilte Dreieinigkeit, und das nennen wir S nn oder Geist. Das Werk ist der vicarius ideae in der Zeitlichkeit. Es ist Wirklichkeit, wenngleich nicht Naturwirklichkeit, es ist Kulturwirklichkeit, worin der unzerre ßbare Bezug auf die Natur einerseits, das Ich und die Idee andererseits unausgesprochen, aber doch vernehmlich anklingt. Kultur ist Wirklichkeit der Idee des Guten, Wahren, Schönen in Gestalt von Sittlichkeit oder Moral, Wissenschaft und Kunst, wodurch sie sich deutlich von der bloßen Zivilisation unterscheidet, deren Arbeit an der Natur nicht ideen-, sondern blos zweckbezogen ist. Techn'sche Kultur oder Zivilisation ist Naturbeherrschung, Ideenkultur oder Kultur schlechthin Naturvergeistigung, was freilich eine gewisse Gegenständlichkeit bedeutet, indem das Werk des Ichs dessen Objektivierung darstellt. Darum ist die Kultur ebenso objektiver

---

1) Kritik der reinen Vernunft (ed. Kehrbach), S. 202.

2) Der Irrtum über wesentliche Eigenschaften der Person und der Sache nach dem Bürgerlichen Gesetzbuch, 1903, S. 27.

wie subjektiver Geist als ein „System formgewordener Sinngehalte“[1]), die vom Ich geschaffen und vom Ich erworben werden. Kultur ist Wirklichkeit des Geistes, Natur Wirklichkeit des Körpers. Darum kann Kultur nicht naturwissenschaftlich, sondern nur geisteswissenschaftlich, nicht rein gegenständlich, sondern nur ichhaft und insoweit gegenständlich betrachtet werden. Das soll und kann nicht heißen, als wäre die Natur absolut sinnlos oder unvernünftig, was ganz unmöglich ist, weil wir sie dann nicht begreifen könnten. Vielmehr ist die Natur, da sie der Bedingung der Gegenständlichkeit genügt, die mit der Ichheit im Absoluten zusammenfällt, auch auf die Vernunft bezogen, freilich nur mittelbar, nicht unmittelbar. Die Kultur dagegen ist unmittelbar zu Gott, um an ein berühmtes Wort Leopold v. Rankes zu erinnern, womit zugleich die Frage entschieden ist, ob die Ideen von konstitutivem oder, wie Kant[2]) gemeint hat, von nur regulativem Gebrauch sind. Die Ideen sind regulativ, insofern sie in keiner Wirklichkeit absolut angetroffen werden, aber sie sind konstitutiv, insofern ohne sie keine Kultur und mit der Kultur auch keine Natur, ja überhaupt keine Wirklichkeit möglich ist, da die Wirklichkeit der Idee des absoluten Denkens relativ ist.[3])

Ist die Kultur Wirklichkeit, so ist sie auch Möglichkeit, da nur das Mögliche Wirklichkeit haben kann, wie wir wissen. Somit gibt es reine und empirische Kulturwissenschaft. Jene redet von der Kultur, diese von einer Kultur. Jene ist apriorisch, diese aposteriorisch, darum jene generalisierend, diese typisierend in dem oben[4]) entwickelten Sinne. Jene ist Kulturphilosophie oder, wie wir heute sagen, apriorische Soziologie, indem das Ich die Möglichkeit des Du und damit des Wir fordert, somit Kultur notwendig Kulturgemeinschaft[5]) ist; diese ist Kulturgeschichte oder, wenn sie den Ton mehr auf das System legt[6]), empirische Soziologie, woraus sich mit ihrer Universalität zugleich ihre praktische Unmöglichkeit ergibt, was namentlich Georg v. Below[7]) mit Recht nachdrücklichst hervorhebt. Denn die Kulturgeschichte ist die Geschichte überhaupt, da die Kultur der logische Ort der Geschichte ist.[8]) Wohl ist auch die Natur in

1) Freyer, Theorie des objektiven Geistes, 1923, S. 104.

2) Kritik der reinen Vernunft (ed. Kehrbach), S. 503, 532ff.

3) Kroner, Von Kant bis Hegel, Bd. I, 1921, S. 138, 156.

4) S. S. 19.

5) Dazu Bruno Bauch, Persönlichkeit und Gemeinschaft. In: Beiträge zur Philosophie des Idealismus, Bd. II, 1921/22, S. 7.

6) Vgl. dazu Sauer a. a. O. S. 246.

7) Zum Streit um das Wesen der Soziologie. In: Jahrbuch für Nationalökonomie und Statistik, Bd. CXXIV, 1926, S. 233.

8) Heinrich Rickert, Die Grenzen der naturwissenschaftlichen Begriffsbildung, 3./4. Aufl., 1921, S. 396.

der Zeit und damit in Bewegung, so daß sie ist, indem sie wird, wohl kann man daher auch von einer Naturgeschichte reden, und zwar um so mehr, als hier in Wahrheit etwas geschieht, während in der Kultur garnichts geschieht, sondern alles von einem ringenden Ich erkämpft und erstritten wird. Aber gerade darum ist andererseits die Kulturgeschichte die Geschichte im strengen Sinne des Wortes, wie aller Sprachgebrauch lehrt, da nur das Ich, indem es um sich weiß, eine Vergangenheit hat, da Geschichte Gedächtnis bedeutet.[1]) Ist dem aber so, so ist die Geschichte Drama, in dem das Ich die Rolle spielt, die ihm, da es sowohl seiend als gesollt ist, von seiner Idee vorgezeichnet ist. Die Rolle im Drama aber nennen wir Person. So gewinnt das Ich in der Geschichte den Charakter der Person, des Doppelichs, der ihm im Psychischen noch fernliegt. Das Psychische ist das Reich des Ichs, die Kultur das Reich der Person.

Aber die Kultur ist nicht nur Drama, sondern Tragödie. Wohl ist sie, da sie Abbild, wenngleich oft genug Zerrbild der Ideen ist, von der bloß technischen, d. h. rein zweckbezogenen Arbeit an der Natur, der Zivilisation, wohl geschieden. Allein sie ist dafür auch belastet mit der ganzen Schwere ihrer unendlichen Aufgabe. Denn eine unendliche Aufgabe in ihrer Unlöslichkeit ist und bleibt ein Widerspruch in sich selbst, auch wenn er sinnvoll ist. Darum bedeutet Kultur einen Fluch, der abgeschüttelt werden will, weshalb sie nicht das Letzte sein kann. Vielmehr fordert sie als Letztes die Religion, die allen Zwiespalt der Bewegung heilt und heiligt, indem sie ihn in Gott einführt. Im Anfang war der Logos, das ist der Beginn der Welt; und Gott war der Logos, das ist das Ende der Welt. Die Idee Gottes ist das Letzte und das Erste, der Anfang und das Ende, worüber nicht mehr hinausgegangen werden kann.

Die Welt ist nun verteilt! Jetzt mag das Recht sich darin suchen und finden.

II. DAS RECHT

1. DAS RECHT ALS OBJEKTIVITÄT

A. Das Recht als Richtigkeit.

a) Das Recht als Begriff. Wenn Mephistopheles zu dem der Rechtsgelehrsamkeit abgeneigten Schüler sagt:

> Es erben sich Gesetz und Rechte
> Wie eine ew'ge Krankheit fort,

und dann schließt:

> Vom Rechte, das mit uns geboren ist,
> Von dem ist leider nie die Frage,

1) Vgl. hierzu Hönigswald, Vom Problem des Rhythmus, 1926, S. 73. Wissenschaftliche Grundfragen, herausgegeben von R. Hönigswald, Heft V.

so wird damit vom Begriff des Rechts eine eigentümliche, schon in der Einleitung gestreifte Zweideutigkeit behauptet. Auf der einen Seite die Rechte, die als Gesetz von Geschlecht zu Geschlecht sich schleppend von Ort zu Ort langsam fortrücken, der Unsinn der Geschichte, auf der anderen Seite das Recht, das mit uns geboren ist, die Wohltat der Vernunft. Allein, so sehr sie auch geschieden sind, so sind sie doch nicht ohne Beziehung. Denn es heißt von ihnen: Vernunft wird Unsinn, Wohltat Plage, und jedenfalls tragen sie beide die Anweisung auf den Gedanken der Richtigkeit in sich, wie alle Sprachgeschichte lehrt. Sowohl das mit uns geborene Recht als auch die uns vererbten Rechte sind Richtiges oder wollen es wenigstens sein.

Was das Richtige sei, läßt sich, da es, wie wir schon wissen, ein Letztes, Unableitbares ist, nur umschreiben, nicht eigentlich bestimmen. Es ist die Absolutheit von Sein und Sollen, indem es so ist, wie es sein soll. Es ist das mit sich widerspruchslos übereinstimmende, in sich ruhende, Bewegung fordernde, dabei selbst unbewegte Vollendete und Vollständige, weshalb Laotse von ihm sagt: Reinheit und Stille ist der Welt Richtmaß. Es richtet, ohne gerichtet zu werden. Es ist das Maß des Richtens, darum selbst nicht gerichtet. Es ist, sofern es sich in ein Gefüge von Sätzen auseinander legt, Einheit, Ordnung oder System des Messenden. Es ist Gesetz für die, die sich richten, und Gericht für die, die sich nicht richten. Gesetz ist Gericht, und Gericht ist Gesetz.

Darum sind die sogenannten theoretischen Gesetze keine Gesetze im strengen Sinne, da sie nicht richten. Vielmehr sind sie der bildhafte Ausdruck für das funktionale Verhältnis von Bedingung und Bedingtem. Sie sind das Prinzip einer dem Objekt oder dem Subjekt nicht transzendenten, sondern immanenten Ordnung, wodurch diese zu dem bestimmt sind, was sie sind, nicht was sie sein sollen. Das theoretische Gesetz ist also nicht vor das Objekt oder Subjekt gesetzt, daß es sich danach richten sollte oder von ihm gerichtet würde, vielmehr ist es mit ihm gesetzt als die logische Bedingung seiner Möglichkeit. Darum ist das Naturgesetz wohl die Naturordnung, aber niemand redet von ihm als von dem Naturrecht, weil eben der Gedanke des Richtigen hier nicht Platz hat. Dies hat selbst dann Geltung, wenn das Naturgesetz, wie neuerdings behauptet wird, nur den Rang einer Regel haben sollte, die meistens, aber nicht immer zutrifft. Denn auch dann ist es nicht das Gericht der Natur, vielmehr nur der Ausdruck ihres durchschnittlichen Seins. Somit gibt es Gesetze im strengen Sinne von Richtigkeit nur im Praktischen, in seiner dreifachen Entfaltung von Denken, Tun und Dichten.

Wenden wir diese Analyse des Richtigen auf Recht und Rechte an, so ergibt sich, da es sich um die Einheit von Sätzen handelt, als erstes, daß

Recht, Rechtsordnung, Rechtssystem, Rechtsgesetz und, wenn es ein solches gibt, Rechtsgericht, im Grunde dasselbe sind, wobei freilich, wie immer bei Synonyma mehr oder weniger feine methodische Unterschiede hervortreten werden. Aber von welcher Art ist denn die Richtigkeit, die Recht und Rechte behaupten? Liegt sie im Guten, im Wahren, im Schönen oder, falls derlei möglich sein sollte, außerhalb von diesen und vor allem, ist seine Richtigkeit Richtigkeit im strengen Sinne von Gericht?

Die Richtigkeit des Schönen ist es offenbar nicht. Wohl mag die Rechtsordnung ein Kunstwerk sein oder sein können, und wer möchte sie, wenn er den Wunderbau des römischen, germanischen, kanonischen Rechts unseres Kulturkreises in Sonderheit vor Augen hat, nicht so nennen. Aber ihr Wesen erschöpft sich jedenfalls nicht in dieser ästhetischen Seite, die ihr im strengen Sinne sogar ganz unwesentlich ist, indem auch ein barbarisches, aller Schönheit hohnsprechendes Recht Rechtsordnung oder Rechtsgesetz ist. Juristische Schönheit ist Schönheit des Juristischen.

Aber das Juristische ist ebensowenig Richtigkeit des Wahren. Wohl gibt es eine Wahrheit von Recht und Rechten, der die gegenwärtige Untersuchung wie die gesamte Rechtswissenschaft — das Wort in seiner umfassendsten Bedeutung genommen — nachstrebt; wohl muß insbesondere jedes wirkliche Recht, da es zugleich ein mögliches Recht ist, den Bedingungen der Möglichkeit des Rechts genügen und sich die vom Positivismus völlig vernachlässigte Frage nach seiner Möglichkeit gefallen lassen; wohl gibt es also ein Apriori des Rechts, eine Rechtsvernunft, „die mit uns geboren ist", aus der kein von Geschlecht zu Geschlecht vererbtes Recht je herausfallen kann. Aber die Wahrheit von Recht und Rechten ist doch nur in dem Sinne mit diesen identisch, als sie wie alles andere, was ist, in ihrem Sein von dem möglichen oder universalen, d. h. reinen Denken gesetzt sind, wie wir wissen. Anders ausgedrückt: Recht und Rechte sind in der Wahrheit als in ihrem theoretischen Gesetz. Es gibt eine Logik des Rechts. Es gibt juristische Wahrheit, wie es auch juristische Schönheit gibt. Aber gerade darum ist die juristische Richtigkeit ebensowenig theoretisch, wie sie ästhetisch ist.

Aber vielleicht ist sie ethische Richtigkeit, indem sie Handeln und Nichthandeln, also Verhalten, richtet. Und in der Tat ist das der Sinn des Rechts, wie alle Gesetzbücher lehren. Rechtsgesetz ist Rechtsgericht, Richtigkeit der Praxis und damit — wenigstens seinem Anspruch nach — Verpflichtung, da die ethische Richtigkeit verpflichtet, wie wir wissen, im Gegensatz zur theoretischen, die begründet, und zur ästhetischen, die gestaltet. Rechtsgesetz behauptet Verpflichtung.

Allein wie verträgt sich das mit dem Ethos, dem absoluten Gesetz der

Richtigkeit für das Wollen, wie wir wissen! Ist dieses absolut, und es ist absolut, genau wie die Wahrheit und Schönheit, so kann es außerhalb von ihm kein anderes Gesetz für die Praxis geben, wie es auch kein anderes Gesetz für die Theoretik außerhalb der Wahrheit und kein Gesetz für die Poiesis außerhalb der Schönheit gibt. Absolutheit duldet keine anderen Götter neben sich. Somit kann es kein absolutes Recht im Sinne des Natur- oder Vernunftrechts der Aufklärung, Scholastik oder Antike geben. Es kann nicht zwei absolute Gesetze der Praxis nebeneinander geben, die beide verpflichteten, weshalb es auch Mephistopheles ist, der klagt, daß von dem Rechte, das mit uns geboren ist, niemals die Frage sei. Es gibt kein absolutes Recht, kein Recht ohne Setzung. Vielmehr sind alle Rechte Gesetze mit Setzung, die sich von Geschlecht zu Geschlecht wie eine ewige Krankheit forterben. Es gibt nur geschichtliches, d. h. positives Recht, wie die historische Schule und der Positivismus gegenüber der Aufklärung zutreffend behaupten. Freilich folgt das nicht aus der Geschichte, was Kant eine „pöbelhafte Berufung auf Erfahrung" nennen würde. Denn was bisher noch nicht beobachtet worden ist, braucht deshalb nicht unmöglich zu sein, da das Wirkliche nur bedingte Notwendigkeit hat, wie wir wissen. Vielmehr folgt es aus der unbedingten Notwendigkeit des Guten, das als absolutes Gesetz der Praxis kein zweites absolutes Gesetz der Praxis neben sich verträgt.

Allein, gibt es auch kein Vernunftrecht, so gibt es doch eine Rechtsvernunft, wogegen sich der Positivismus mit Unrecht auflehnt. Es gibt ein Apriori des positiven Rechts, ein System von Bedingungen, dem jedes historische Recht genügen muß, um als wirkliches Recht überhaupt möglich zu sein.[1]) Es ist mit nichten alles positiv am positiven Recht. Andernfalls wären Theorie und Praxis allen neu auftretenden Rechtsproblemen gegenüber, etwa dem Luftverkehr, völlig ratlos und könnten sie nicht lösen. Denn so wertvoll die geschichtliche Erfahrung ist, einmal muß sie anfangen, einmal muß im Laufe der geschichtlichen Entwicklung jede Frage neu sein, weshalb es eine bedingte Wahrheit ist, daß alles schon einmal dagewesen sei. Freilich, dieses unpositive Apriori des positiven Rechts ist, weil es nur die Möglichkeit des Rechts ist, nicht selbst Recht. Es ist nicht das Gesetz der Praxis, worin das Natur- oder Vernunftrecht der Vergangenheit irrte, es erhebt nicht den Anspruch der Verpflichtung. Vielmehr ist es das Rechtliche in seiner Denkbarkeit, ist Rechtslogik, theoretisches, nicht praktisches Gesetz, worüber sich Fritz Münch[2]) in vorzüglichen Ausführungen ergangen hat. Es ist die Wahrheit des Rechtlichen,

---

1) Vgl. auch Fritz Schreier, Über die Lehre vom „Möglichen Recht". Logos XV, 1926, S. 364ff.

2) Kultur und Recht. In: Zeitschr. für Rechtsphilosophie, Bd. I, 1914, S. 369ff.

der jedes positive Recht, welches es auch sei, in Vergangenheit, Gegenwart und Zukunft untersteht und unterstehen muß, so gewiß es positives Recht und nicht ein positives anderes ist. Darum heißt positives Recht setzen eine Möglichkeit des Rechtlichen verwirklichen, weshalb jenes sich niemals von einer Rechtswahrheit „emanzipieren" kann, wie Reinach in seiner grundsätzlich verdienstvollen, im einzelnen um so verfehlteren Untersuchung[1]) mehrfach behauptet, worin ihm Rudolf v. Jhering[2]) vorangegangen ist. Denn das positive als das wirkliche Recht muß zugleich immer ein mögliches und damit in der Rechtsvernunft enthalten sein, und ist es auch, sofern man nicht wie Reinach willkürliche Behauptungen für Wahrheiten ausgibt. Dabei zeigt sich, daß sich das juristische Apriori wie jedes andere zwar nicht aus der Erfahrung, aber nur an der Erfahrung der Rechtswirklichkeit gewinnen läßt, und daß deren Erkenntnis zugleich immer Erkenntnis des Apriorischen bedeutet. Das juristische Apriori muß juristische Erfahrung begründen, wenn anders sein Wahrheitsanspruch zu Recht bestehen soll, wie Reinachs Ausführungen wider Willen zur Genüge zeigen.[3]) Rechtsmöglichkeit fordert Rechtswirklichkeit und umgekehrt.

Ist somit jedes Recht notwendig in der Rechtsvernunft, wenngleich niemals Vernunftrecht, vielmehr immer positiv, so ist seine Richtigkeit niemals absolut und darum in diesem Sinne überhaupt keine Richtigkeit. Positive, d. h. geschichtliche Richtigkeit ist strenggenommen ein Widerspruch in sich selber, da die Richtigkeit die Bedingung der Möglichkeit der Geschichte ist, wie wir gesehen haben. Das Richtige, indem es so ist, wie es sein soll, kann niemals anders sein als es ist, weil es dann nicht so wäre, wie es sein soll. Es kann sich darum nicht wandeln, hat also keine Geschichte und damit keine Position in der Geschichte, weshalb Kant, der wesentlich Naturrechtler ist, vom Recht sagt, es könne nicht erscheinen.[4]) Was in der Geschichte erscheint, ist niemals das absolut Richtige, sondern nur Anspruch des Richtigen, mag es sich um Wissenschaft, Kunst oder Moral handeln, freilich insofern relativ Richtiges, als es in dem Absoluten gründet. Positive Richtigkeit ist Wirklichkeit einer in dem Richtigen ruhenden Möglichkeit, ist vom Absoluten bedingte, begründete oder ermöglichte Richtigkeit, oder sie ist überhaupt keine Richtigkeit, sondern etwas anderes. Somit ist das Recht, da es jedenfalls nicht absolut ist, Richtigkeit nur dann, wenn es in irgendeiner Weise auf das Absolute rela-

1) a. a. O. S. 174, 315ff.

2) Geist des Römischen Rechts, Bd. III, 1, 5. Aufl., 1906, S. 324.

3) So auch Fritz Münch, Die wissenschaftliche Rechtsphilosophie der Gegenwart in Deutschland. In: Beiträge zur Philosophie des deutschen Idealismus, Bd. I, 1918/19, S. 124.

4) Kritik der reinen Vernunft (ed. Kehrbach), S. 67.

tiv, d. h. in ihm begründet ist. Anderenfalls ist sein Anspruch auf Richtigkeit unbegründet und unbegründbar, womit es zu einer Fiktion des Richtigen,[1]) in Wahrheit aber zu dem brutalen Faktum wird, zu dem es der Positivismus gemacht hat. Dann ist das Recht Recht, weil es eben Recht ist, dann trägt es seinen Grund in sich, und das nennen wir absolut. Der Positivismus, weil er Relativismus ist, indem er das Absolute leugnet, macht gerade darum das Relative, das Geschichtliche, absolut und muß es dazu machen, da mit jedem, also auch mit seinem Denken der Gedanke des Absoluten als des Alls des Denkbaren gesetzt ist, weshalb kein Denken ohne ihn auskommen kann. Damit verfällt er in denselben, wenngleich entgegengesetzten Fehler wie sein Antipode, der juristische Absolutismus des Natur- oder Vernunftsrechts, der die Rechtsvernunft verabsolutiert und darum das positive Recht als das darauf Relative ignoriert. Der Relativismus läßt das Relative mit dem Absoluten zusammenfallen, der Absolutismus läßt es aus ihm heraus und damit in das Nichts fallen. Jener erschleicht die Geschichte, indem er ihre Bedingung mißachtet; dieser erschleicht ihre Bedingung, indem er die Geschichte mißachtet. Im Positivismus ist das Rechtliche, im Naturrecht das Positive unterschlagen. Beide sind feindlich, aber doch Brüder. Allein Bedingung und Bedingtes lassen sich nicht auseinanderreißen und verabsolutieren. Vielmehr gehört das Relative oder Positive in das Absolute, jedoch ohne mit ihm zusammenzufallen, da es als Wirklichkeit eine, nicht aber die einzige Möglichkeit und Notwendigkeit ist. Ist aber dem Positivismus das Recht Recht, weil es eben Recht ist, verzichtet er auf jede Frage nach dem Grunde dieses Anspruchs, so ist klar, daß er nicht so sehr Erkenntnis des positiven R e c h t s als vielmehr Erkenntnis des Positiven des Rechts ist. Darum ist er mehr Gesetzeserkenntnis als Rechtserkenntnis, darum nimmt er jedes Gesetz im technischen Sinne ungeprüft für Recht, worüber noch zu reden sein wird. Positivismus ist unkritische, Naturrecht unpositive, und damit keine von beiden Rechtswissenschaft.

Allein, wenn das positive Recht, um sich als richtiges, was es zu sein behauptet, auszuweisen, im Absoluten gründen muß, so erwächst ihm ein eigentümlicher Doppelgänger und Rivale in der positiven Moral. Die Moral ist die geschichtliche Wirklichkeit der absoluten Richtigkeit des Verhaltens, wie wir wissen; ihr Richtigkeitsanspruch gründet im Ethos, auf das ihre Richtigkeit relativ ist. Jedoch auch das Recht, da es Verhalten schlechthin und nicht Denken und Dichten als solches richtet, indem es Verpflichtung und nicht theoretische Begründung oder ästhetische Gestaltung be-

---

1) So mit Recht Julius Kraft, Die Methode der Rechtstheorie in der Schule von Kant und Fries, 1924, S. 11.

hauptet, wie wir wissen, kann seine Richtigkeit, wenn überhaupt, ebenfalls nur in das Ethos gründen, da dieses nicht absolut wäre, wenn es ein anderes Gesetz des Verhaltens neben sich hätte. Somit verwirklichte sich das Ethos, wenn das Recht Richtigkeit des Verhaltens bedeutet, was es behauptet, zwiefach in der Geschichte, in der positiven Moral auf der einen und im positiven Recht auf der anderen Seite. Dabei erhebt sich die Frage, wie solches zugehe, und zwar um so mehr, als seine Schwester, die Wahrheit, nur eine geschichtliche Wirklichkeit hat, nämlich die Wissenschaft, und die Schönheit insofern auch, als nur die Kunst-, nicht aber die Naturschönheit Verwirklichung eines Richtigen ist, da die Natur wohl Regelmäßigkeit, nicht aber Richtigkeit kennt.[1])

Aber in der Tat hat das Ethos zweifache Wirklichkeit in Moral und Recht und muß sie notwendigerweise haben. Denn da mit dem Ich die Möglichkeit des Du, also der Gemeinschaft, gesetzt ist, so ist damit auch die Möglichkeit des Widereinanderhandelns gesetzt in Sonderheit in der Weise, daß das Ich nicht so handeln kann, wie es handeln soll und will, weil es vom Du daran gehindert wird. Darum fordert die Möglichkeit der Gemeinschaft die Möglichkeit und damit Notwendigkeit einer Ordnung, die insbesondere dieses Hindernis moralischen Handelns verhindert, was die Moral selbst nicht kann, da sie nur „ins Gewissen redet" und reden kann, wenn sie ihre Aufgabe, Predigt des reinen Gewissens zu sein, nicht aufgeben will. Diese somit vom Ethos um der Moral willen geforderte andere Ordnung ist die Rechtsordnung. Darum ist das Recht notwendig Gemeinschaftsordnung, was die Moral sein kann, aber nicht zu sein braucht, als die „Verhinderung eines Hindernisses der Freiheit", wie Kant[2]) es klassisch, freilich etwas einseitig negativ formuliert hat. Darum ist das Recht ferner notwendigerweise Zwangsordnung, weil nur Zwang das Hindernis verhindern kann, weshalb jede Ordnung die des Zwanges im Sinne der Möglichkeit entbehrt, eben keine Rechtsordnung, sondern etwas anderes ist, wogegen keine Berufung auf angebliche Erfahrung etwas verschlägt. Denn eine Erfahrung ist eben nur dann Rechtserfahrung, wenn sie der Bedingung des Rechtlichen genügt, und nicht alles ist Recht, was sich als Recht ausgibt, wie wir schon bei der Rechtsvernunft gesehen haben, weshalb auch der Positivismus dem Vernunftrecht ganz hilflos gegenübersteht, indem er es einfach bestreitet, statt es zu widerlegen. Vielmehr ist das Vernunftrecht, wie wir gesehen haben, nur dadurch widerlegt, daß es als mit der Rechtsvernunft, mit der Gesetzlichkeit des Rechts selbst im Widerspruch stehend dargetan wird, was angebliche Erfahrung nun und

1) Hierzu besonders Schulze-Sölde, Das Gesetz der Schönheit, S. 53 und 196.

2) Metaphysik der Sitten (ed. Vorländer), S. 36.

nimmer beweisen kann. Aber freilich, wird auch der Rechtsbegriff, weil er die Bedingung der Rechtserfahrung ist, niemals durch Erfahrung gebildet, so wird er doch nicht ohne Erfahrung, weil an der Erfahrung, entdeckt. Denn ohne Rechtserfahrung wüßten wir vom Rechtsbegriff schlechterdings nichts, und nur, indem er Rechtserfahrung begründet, erweist er seinen Wahrheitsgehalt, wie bereits oben[1]) ausgeführt. Rechtsbegriff und Rechtserfahrung bedingen sich wechselseitig. Das eine ist die Funktion des anderen. Darum wird jener nicht durch generalisierende Abstraktion aus einer Erfahrung, von der niemand weiß, warum sie gerade Rechtserfahrung sein soll, nicht aus einer Betrachtung dessen gewonnen, was sich als Recht ausgibt, wie der Positivismus in seiner Naivität meint und namentlich beim Streit um das Zwangsmoment insbesondere beim Völkerrecht peinlichst hervortritt, sondern vielmehr durch eine Analyse der Rechtserfahrung erkannt, indem nach der Bedingung der Möglichkeit wirklichen Rechts gefragt wird, wie das hier geschehen ist. Analysieren ist nicht generalisieren und darum der apriorische Wesensbegriff kein empirischer Gattungsbegriff.[2]) Jenem, indem er auf die Bedingung der Möglichkeit zurückgeht, wohnt Notwendigkeit inne, da das Mögliche das Notwendige ist, wie wir wissen; diesem dagegen nicht, da er im Wirklichen verbleibt, welches auch anders sein kann. Darum kann der Rechtsbegriff samt den von ihm abhängigen Begriffen, sofern er auf Notwendigkeit und damit auf Wahrheit Anspruch erhebt, nicht etwa so oder so gebildet werden, wie Müller-Erzbach[3]) das annimmt, je nachdem ob ich eine bestimmte Erscheinung, z. B. das Völkerrecht, noch mit darunter begreifen will oder nicht. Begriffsbildung ist nicht Willkür, auch nicht Zweckmäßigkeit, da die Begriffe im strengen Sinne überhaupt nicht gebildet, sondern höchstens nachgebildet, nicht erfunden, sondern gefunden werden. Nicht werden die Begriffe durch die Erscheinungen, sondern die Erscheinungen durch die Begriffe bestimmt. Darum muß jede Erscheinung, die rechtlich zu sein behauptet, sich eine Prüfung dieses Anspruches gefallen lassen am Rechtsbegriff, der über Sein und Nichtsein entscheidet, wodurch freilich niemand behindert wird, sich seine eigene Nomenklatur zu schaffen, sofern er daran Gefallen findet und genau sagt, was er meint, dieses damit als unabhängig von seiner Willkür voraussetzend. Nur daß eben ein so zustande gekommener Rechtsbegriff auf strenge Notwendigkeit und Allgemeingültigkeit keinerleinAnrecht hat, indem er durch jede neue Erfahrung widerlegt werden kann.

1) S. S. 20 u. 38.

2) Dazu Riehl, Beiträge zur Logik, 3. Aufl., 1923, S. 38.

3) Die Relativität der Begriffe und ihre Begrenzung durch den Zweck. In: Jherings Jahrbücher, Bd. LXI, 1912, S. 367.

b) Das Recht als Idee. Bezeichnet somit der Rechtsbegriff mit strenger Notwendigkeit den Begriff einer Ordnung, die auf das Ethos als das absolute Gesetz richtigen Handelns relativ ist, zwar nicht unmittelbar wie die Moral, wohl aber mittelbar als deren weltlicher Arm sozusagen, so enthält dieser Begriff des Rechts zugleich die Idee des Rechts, ohne mit ihr zusammenzufallen, wie Emge[1]) und Marck[2]) annehmen. Denn der Rechtsbegriff als der Begriff der Möglichkeit positiven Rechts ist zugleich immer der Begriff seiner Notwendigkeit, da das Mögliche als das Notwendige so ist, wie es sein soll, indem es nicht anders sein kann. Somit fordert der Rechtsbegriff zugleich den Begriff des Rechts, wie es sein soll, und das nennen wir Idee. Ein positives Recht ist Recht, insofern es der Bedingung des Rechtsbegriffs genügt, aber gerade darum ist es eben stets nur bedingt Recht. Es ist immer mehr oder weniger Recht, niemals in allem und jedem Recht, und niemals absolut Unrecht, sondern zwischen diesen beiden Polen. Ihm ist mit dem Begriff des Rechts, dem es genügen muß, um überhaupt Recht zu sein, die Idee des Rechts gesetzt als seine unendliche Aufgabe, der es nie vollkommen genügen kann, weshalb sich Begriff und Idee nicht vollständig decken.[3]) Ihm ist das Rechtsein nicht gegeben, sondern aufgegeben, worin sich von neuem zeigt, daß alles, was ist, zugleich gesollt ist. Recht- sein heißt auf dem Wege zum Recht sein, geleitet vom Ethos als der Idee des guten Gerichts, die wir Gerechtigkeit nennen. Kein Recht ohne die Idee der Gerechtigkeit, wobei hervorgehoben zu werden verdient, daß sich das gegenwärtige deutsche Recht im Vorspruch zu seiner Verfassung vom 11. August 1919 ausdrücklich dazu bekennt. Aber gerade darum auch kein Recht, das dieser Idee genügte und in allem und jedem gerecht wäre. Vielmehr ist jedes positive Recht notwendig zum mindesten teilweise ungerecht, ohne daß seine Zwangskraft darunter litte, da eben seine Richtigkeit nur relativ, nicht absolut ist. Aber freilich, diese relative Unrichtigkeit, die mit jedem Recht notwendig gesetzt ist, hat ihre Grenzen, unter die sie nicht heruntergehen darf, widrigenfalls das von ihr betroffene Recht in sein Gegenteil umschlägt und Nicht- oder Scheinrecht wird. Dieser Punkt wird für jedes Recht jeweils von der Moral bestimmt, zu der es gehört. Zwar ist das Recht nicht eine Wiederholung der Moral unter dem Zwangsgesetz, was den Sinn der Moral zerstören würde, die als die unmittelbare Wirklichkeit des Ethos an das reine Gewissen und nur an das Gewissen appelliert, das jedem fremden Gericht widersteht, indem es sich selbst richtet in Buße und Reue, wozu es von niemandem als von sich selbst gezwungen werden kann. Recht ist nicht Zwangsmoral, weil überhaupt keine Moral, indem es sich nicht an

1) a. a. O. S. 19.

2) Substanz- und Funktionsbegriff in der Rechtsphilosophie, 1925, S. 69.

3) Dazu Hönigswald, Vom Problem der Idee. Logos, Bd. XV, 1926, S. 277.

das Gewissen wendet, weshalb man es auch nicht als „ethisches Minimum" bezeichnen kann. Recht ist, womit Kants negative Bestimmung einen positiven Sinn erfährt, Gemeinschaftsordnung unter der Möglichkeit des Zwanges, weshalb es alles regeln kann, was zur Gemeinschaft gehört und erzwingbar ist, aber nur in dem Sinne, daß es dadurch nicht mit seiner Moral in Konflikt gerät. Denn sein Zwang ist Rechtszwang, seine Ordnung Rechtsordnung nur dann, wenn unter seinem Schutz und Schirm moralisch gehandelt werden kann, da damit sein Anspruch auf Richtigkeit, seine relative Richtigkeit, die sein Wesen ausmacht, steht und fällt. Darum ist, was dem Positivismus mit allem Nachdruck entgegengesetzt werden muß, unsittliches oder unmoralisches Recht ein Widerspruch in sich selbst und kein Recht.[1]) Es gibt wohl ungerechtes Recht, weil das Recht niemals unbedingt richtig ist und sein kann, aber es gibt kein unsittliches Recht im Sinne der Moral, weil das Recht, um überhaupt Recht zu sein, niemals unmoralisch sein darf. Ein unmoralisches Recht, ein Recht, das wider die guten Sitten verstößt, ist null und nichtig, hat keinerlei Kraft, Wirkung, Geltung oder wie man sich sonst ausdrücken will. Darum ist der berühmte § 138 des Deutschen BGB, der wie auch Art. 152 RV von der Nichtigkeit des gegen die guten Sitten verstoßenden Rechtsgeschäfts redet, ebenso erfreulich wie überflüssig. Er ist erfreulich, insofern sich das Bürgerliche Gesetzbuch damit ausdrücklich zur Moral bekennt; er ist überflüssig, insofern auch ohne ihn dasselbe gelten müßte, da er nur eine allgemeine Rechtswahrheit ausspricht, nicht eine der Position bedürftige Verfügung trifft, mithin nur deklarative, nicht konstitutive Bedeutung hat. Ein Rechtsgeschäft, das gegen die guten Sitten verstößt, ist eben kein Rechtsgeschäft, sondern der Schein eines solchen und darum nichtig. Ein Satz, der auf das Ganze der Rechtsordnung Anwendung fordert[2]) und Anwendung findet, auf das Gesetz im technischen Sinne genau so wie auf den Verwaltungsakt und den Richterspruch, die alle drei eben auch Rechtsgeschäfte sind.

Aber freilich, gibt es auch kein unmoralisches Recht, weil dieses nichtig ist, so ist doch andererseits kein Recht notwendig zugleich moralisch in dem Sinne, daß seine Rechte und Pflichten notwendig immer moralische Rechte und Pflichten sein müßten. Dies deshalb, weil eben das Recht nicht Zwangsmoral, sondern Zwangsordnung neben der Moral, wenngleich zu ihrem Schutze ist. Wohl hat das Recht die Aufgabe, die Moral zu schützen, aber es hat andererseits darüber hinaus auch noch die weitere Aufgabe, die Gemeinschaft zu verfassen. Darum bedeutet wohl Unmoral niemals Recht-

1) Damit gebe ich meine frühere Lehre in: Die juristische Methode im Kirchenrecht. Arch. f. Rechts- u. Wirtschaftsphilosophie, Bd. XVIII, 1924, S. 76, auf.

2) So auch mit erfreulicher Entschiedenheit neustens Henle, Lehrbuch des bürgerlichen Rechts, Bd. I, 1926, S. 2.

mäßigkeit, da Recht und Moral nicht im Widerspruch stehen können, nicht aber notwendig Rechtswidrigkeit, da Recht und Moral nicht zusammenfallen; und ebenso ist Rechtswidrigkeit nicht notwendig unmoralisch,[1]) wohl aber Rechtmäßigkeit niemals unmoralisch. Anders ausgedrückt: Man kann gegen ein Recht verstoßen, ohne damit notwendig gegen die guten Sitten zu verstoßen, z. B. bei irgendeiner Polizeiübertretung; und man kann gegen die guten Sitten verstoßen, ohne damit notwendig gegen ein Recht zu verstoßen, z. B. bei irgendeiner Unanständigkeit, die vom Recht aus irgendwelchen Gründen unberücksichtigt gelassen ist. Andererseits aber: Man kann niemals ein Recht haben, das gegen die guten Sitten verstößt, weshalb ein Recht, das man hat, niemals unmoralisch ist.

Indessen, ist auch kein Recht weder im allgemeinen noch im besonderen unmoralisch, insofern es nicht gegen das Gesamtgewissen verstoßen kann, um Recht zu sein, so ist es doch möglicherweise für mich unethisch, von ihm Gebrauch zu machen, weil es gegen mein Gewissen verstößt. Darum kann ich sehr wohl von einem Rechte, das mir die Rechtsordnung gibt, im einzelnen Falle sagen: ich darf und ich darf nicht. Ich darf zwar juristisch-moralisch, d. h. nach positivem Recht und positiver Moral, ich darf aber nicht ethisch, d. h. nach meinem Gewissen, worin sich das Antinomische des Wirklichen von neuem zeigt. Darum sagen wir auch von einem harten Gläubiger nicht, daß er im Unrecht sei, auch nicht, daß er gegen die guten Sitten verstoße, indem es sein „gutes Recht" ist, das er verfolgt, wohl aber, daß er es mit seinem Gewissen zu verantworten habe, was er tue, womit der Fichtesche von ihm selbst später aufgegebene Einwand gegen die Ableitung des Rechts aus der Ethik erledigt ist.[2]) Das Dürfen des Rechts ist ebenso wie sein Sollen nicht absolut, nicht unter allen Umständen gegeben; aber es wäre überhaupt kein Dürfen und Sollen, wenn es nicht auf das absolute Dürfen und Sollen des Ethos relativ wäre.

B. Das Recht als Positivität.

a) Das Recht als Gesetz. Inwiefern dem positiven Rechte Richtigkeit zukomme, haben wir im vorigen gesehen. Nunmehr bedarf es näherer Betrachtung, was unter seiner Positivität zu verstehen sei. Kein Recht ohne Richtigkeit, aber auch kein Recht ohne Positivität. Recht ist Gesetz mit Gesetzgebung, wodurch es sich zusammen mit der Moral vom ethischen Gesetz unterscheidet, das ohne Setzung, weil absolut, ist.

Bedeuten Recht und positives Recht dasselbe, so ist dieses, indem es

---

1) Entscheidung des R. G. in Zivilsachen, Bd. CXIII, S. 37.

2) Vgl. Grundlagen des Naturrechts nach den Prinzipien der Wissenschaftslehre, 1796 (ed. J. H. Fichte), Bd. III, S. 54, im Gegensatz zu Vorlesungen über Staatslehre, 1813 (ed. J. H. Fichte), Bd. IV, S. 432.

gesetzt wird, so ist Gesetzheit oder Positivität seine Wirklichkeit. Aber alle Wirklichkeit ist eine, nicht die Möglichkeit, somit auch die Positivität des Rechts in der Rechtsmöglichkeit oder Rechtsvernunft enthalten. Positives Recht ist positivierte Rechtsvernunft, ist Art von ihrer Art. Darum hat jedes positive Recht seine besondere Art der Rechtsvernunft, weshalb Rudolf v. Jhering und Ulrich Stutz, der eine vom Geist des römischen Rechts, der andere vom Geist des Codex iuris canonici gehandelt haben und handeln konnten. Darum gleicht jedes Recht und jedes Gesetz dem Geist, den es begreift.

Aber das Wirkliche ist nicht nur das Besondere, sondern auch das Andere des Möglichen, somit auch das positive Recht zwar Rechtsvernunft, aber doch auch nicht Rechtsvernunft, nämlich Rechtsordnung, und zwar wegen seiner Positivität. Kraft dieser Positivität ist jedes Recht, wiewohl von der Art des Rechtlichen, doch Eigenart des Rechtlichen, die es von anderen Rechten mehr oder weniger unterscheidet. Das römische, germanische, kanonische Recht, oder welches geschichtliche Recht es sonst sei, sind Arten des Rechtlichen, insofern sie dem Begriff des Rechts genügen, und Eigenarten oder Typen des Rechtlichen, insofern sie positiv sind. Darum können sie in ihrer Positivität nur durch Eigenart-, niemals durch Artbetrachtung erkannt werden, weil sonst das Positive, das Rechtswirkliche, ausfällt und nur das Rechtliche, das Rechtsmögliche, übrigbleibt, während umgekehrt in der Eigenart die Art, im Positiven das rein Juristische mitgedacht und miterkannt wird oder wenigstens werden kann, wenn die Reflexion darauf gerichtet ist, wie wir oben[1]) gesehen haben.

Aber das positive Recht, indem es Ordnung ist, ist nicht nur typische Ordnung unter anderen, sondern auch in sich Ordnung des Typischen. Es ist ein System der Typen, wie jeder weiß, der je auch nur etwas von einem Rechtsinstitut gehört hat. Es ist sowohl im System der Typen als auch selbst ein System der Typen, weshalb alle Rechtsbetrachtung, sofern sie positiv sein will, was Müller-Eisert[2]) im Anschluß an Rickert radikal verkennt, auch wenn sie Vergleichung treibt, niemals rein generalisierend, sondern immer typisierend und dabei allerdings wie eben betont auch generalisierend vorgehen muß, da bei der reinen Generalisierung das Typische, das durch Vergleichung erkannt werden soll, ausfällt. Das römische und das deutsche Eigentum z. B. sind nicht Arten des Eigentums im Sinne einer Gattung, sondern Typen des Eigentums im Sinne seiner Art, indem das Eigentum als eine Art des Rechtlichen sich in der Eigenart des deutschen oder römischen Eigentums verwirklicht oder typisiert. Wohl ist der Begriff des Eigentums auch Gattung, nämlich zum Fahrnis- und zum Grundstücks-

1) S. S. 21.
2) Rechtswissenschaft und Kulturwissenschaft, 1917, S. 31.

eigentum als seinen Arten, wie der Vertrag die Gattung zum obligatorischen und dinglichen Vertrag und der Baum die Gattung zum Laub- und Nadelbaum ist, weil es sich hier um die Ordnung des Möglichen, um Art ohne Eigenart, um Eigentum, Vertrag und Baum „überhaupt“ handelt. Aber das System der Arten ist nicht das System der Eigenarten, wenngleich seine logische Voraussetzung oder Bedingung, da Eigenartig sein ein Eigenes in der Art, ein Wirkliches im Möglichen sein heißt. Darum ist bei jedem positiven Rechtsinstitut die Frage nach seiner rechtlichen Natur oder Art wohl begründet und keinesfalls scholastische Jurisprudenz, wie manche Modernisten in ihrer Begriffsfeindschaft meinen, indem wir ein Wirkliches erst dann begriffen haben, wenn wir die Bedingungen seiner Möglichkeit kennen; aber wir dürfen gerade darum uns nicht der Hoffnung hingeben, daß es in einem Artbegriff in Reinheit aufgehen müsse oder könne, da Eigenart und Art nicht im Verhältnis von Art und Gattung, nicht im Verhältnis der Subordination, sondern in dem der Korrelation zueinander stehen. Die Art ist die logische Bedingung, die Möglichkeit der Eigenart, die in der Positivierung wirklich wird.[1] Darum dürfen wir auch vor allem nicht, wie es die alte Begriffsjurisprudenz schlechten Angedenkens tat, aus dem Artbegriff auf eine zu erkennende Eigenart diese oder jene Schlüsse ziehen, wodurch das Eigene in seiner Eigenheit mehr oder weniger vergewaltigt wird. Denn das Eigenartige, weil es eben nicht das Artige ist, ist niemals einer Art zu subsumieren, niemals von einerlei, immer von zweierlei Art, da es als Wirkliches stets auch seine andere Seite hat, wie wir schon wissen. Diese Komplexität kann verschiedene Grade haben, je nachdem wie Art und Gegenart in der Eigenart sich mischen; sie kann so groß sein, daß fast die Einheit des Typus zersprengt wird, und sie kann so gering sein, daß sie kaum in Betracht kommt, aber ganz fehlen kann sie nie. Darum gibt es Rechtsinstitute, deren „Natur“ das Kreuz der Rechtswissenschaft ist und bleibt, und solche, deren andere Seite nur die schärfste Aufmerksamkeit zu erkennen vermag, wie namentlich beim Problem der juristischen Person theoretisch und praktisch bedeutungsvoll hervortritt.[2] Aber nicht nur die einzelnen Institute, sondern auch die Rechte im ganzen sind in verschiedenem Grade komplex, wofür das römische und das germanische Recht weltgeschichtliche Beispiele sind, jenes in seiner grandiosen Einseitigkeit, wo niemals das eine das andere sein will, was lichte Klarheit, aber auch schreckliche Härte zur Folge hat, dieses in seiner verschlungenen Wechselseitigkeit, wo

1) Vgl. dazu Kroner, a. a. O. S. 80ff.

2) Vgl. hierzu meine Abhandlung „Zur Konstruktion der offenen Handelsgesellschaft. Versuch einer juristischen Theorie der Rechtsperson.“ Jherings Jahrbücher, Bd. LXXV, 1925, S. 25ff.

weiligen Moral nicht im Widerspruch steht, so ist es möglich, daß eine Abänderung, weil sie dagegen verstößt, kein Recht, sondern Scheinrecht ist. So wäre z. B. ein Gesetz, das alle Begriffe von Treu und Glauben aus dem gegenwärtigen Recht in sein Gegenteil verkehrte, unbedenklich für null und nichtig zu erklären, was freilich, trotzdem es zur Zeit durchaus nicht aus dem Bereich der Möglichkeit liegt, der Positivismus nicht zugeben wird, weil er Gesetz und Recht nicht unterscheiden kann und will. Dabei hält sein Doktrinarismus seiner Unfähigkeit, das Rechtsleben, wie es ist, zu begreifen, die Wage. Denn es ist ein durch nichts begründetes und auch von ihm nicht einmal versuchsweise begründetes Vorurteil, daß ein Gesetz deshalb Recht sei, weil es Gesetz ist, und es ist ebenso wenig einzusehen, wie man den Anspruch erheben kann, Rechtswissenschaft zu treiben, wenn man grundsätzlich Erkenntnis der Gesetze treibt, die als solche Literatur sind wie jedes andere Buch. Ist aber die Rechtsetzung niemals Gesetzgebung uno actu, auch nicht beim Gesetzesrecht, vielmehr die von Klippe zu Klippe geworfene, von Fall zu Fall dahinströmende Bewegung eines Verfahrens, so ist sie niemals abgeschlossen und, da immer neue Fälle auftreten, niemals abschließbar, so ist sie eine unendliche Aufgabe, eine Idee, weshalb wir von ihr als einer Selbstverwirklichung der Vernunft geredet haben. Das Recht ist Idee, und die Rechtsetzung ist Idee, da Recht und Rechtsetzung um der Positivität willen in funktionalem Zusammenhang stehen. Zugleich damit erschließt sich uns die tiefe Einsicht der Sprache, die von Gesetz und Gewohnheit als den Quellen des Rechts redet. Gesetz und Gewohnheit sind noch nicht Recht im Sinne voller Wirklichkeit, die sich erst am Einzelfall erfüllt, wohl aber die Quellen zum Recht, insofern es in ihnen dem dunklen Schoß der Rechtsvernunft entströmt, wobei vorerst die Frage offenbleibt, ob sie die einzigen sind.

b) Das Recht als Gericht. Aber das Recht ist nicht nur ein Gesetz für diejenigen, die sich danach richten sollen und richten, sondern vor allem, wie wir eben schon gesehen haben, ein Gericht für diejenigen, die sich nicht selbst richten, die gerichtet werden, weil sie nicht gerichtet sind. Recht ist Gericht, Selbstgericht oder Fremdgericht, weil Richtigkeit, die nicht richtete, ein Widerspruch in sich selber wäre. Dabei ist Gericht hier in dem weiten Sinne jeder Rechtsbewährung überhaupt zu verstehen, wovon das Gericht im technischen Sinne ein Unterfall ist. Kein Recht ohne Bewährungskraft, ohne Garantie, wie man sich ausdrückt. Deshalb hat man im Mittelalter, wo man den Dingen noch näherstand, indem man noch nicht dem Gesetzgebungsabsolutismus der neueren und neuesten Zeit verfallen war, für Gericht und Recht wechselweise dasselbe Wort verwendet. So heißt es in dem berühmten Artikel I, 1 des Sachsenspiegels (Landrecht):

Daz ist die bezcechenunge: swaz deme babste widerste, des her nicht mit geistlichem gerichte getwingen mag, daz ez der keiser mit werltlichem gerichte twinge, dem babste gehorsam zu wesene; so sal ouch sin geistliche gewalt helfe deme werltlichen gerichte, ab ez sin bedarf.

Wird hier Gericht offenbar in dem weiten Sinne von Recht gebraucht, so ließe sich andererseits allein aus dem Sachsenspiegel Stelle auf Stelle häufen, in denen das Umgekehrte der Fall ist. So lesen wir etwa in III, 87, § 3: rechtes weigert der richter, swenne her nicht richten en will; reden wir doch auch heutigen Tages noch von Rechtsgang, Rechtshängigkeit, Rechtshilfe, Rechtskraft, Rechtsmittel, Rechtsverweigerung, Rechtsweg und was dergleichen mehr ist, wo immer Gericht für Recht gesetzt werden kann.

Ist somit das Recht seinem Wesen nach Gericht, entweder Selbstgericht oder Fremdgericht, so ist der Richterspruch, sofern er ein solcher ist, immer im Recht, niemals im Unrecht, weshalb jener Spaßvogel, der einem Reichsgerichtsrat ins Stammbuch schrieb:

> „Du iudizierst, und das ist wichtig,
> Rechtskräftig stets und darum richtig",

tiefe Weisheit kundgetan hat. Das Gericht, sofern es ein solches ist, ist niemals außerhalb des Rechts, wie James Goldschmidt[1]) meint, weder unter noch über ihm, sondern immer im Recht. Gerichtskraft ist Rechtskraft, und Rechtskraft ist Gerichtskraft. Darum ist es schlechthin undenkbar, was J. Goldschmidt weiter behauptet,[2]) daß jene als doppelte Rechtsordnung neben dieser bestünde, um ihr allerdings vermöge soziologischer Überlegenheit den Rang abzulaufen. Denn die Doppelung des Rechts in Gesetz und Richterspruch ist eben Doppelung des Rechts und somit in seiner höheren Einheit aufgehoben. Es liegt in der Gesetzlichkeit des Rechts als der Positivierung der Rechtsvernunft, daß es sich stufenweise verwirklicht. Das Gesetz, das für „alle möglichen" Fälle gilt, konkretisiert sich im Richterspruch und so wie der Richterspruch, was schon Hegel[3]) erkannt und Sauer[4]) in seinem gedankenreichen und tiefgründigen Werke bis ins einzelne durchgeführt hat. Darum ist auch der sogenannte Fehlspruch, wenn er nur ein Richterspruch ist, Recht, und zwar deshalb, weil er in der Möglichkeit des Rechts liegt, wie die Fehl- oder Mißgeburt in der Möglichkeit der Natur. Nicht ist es so, als ob das rechtskräftige Fehlurteil das sogenannte materielle Recht abänderte, wie die materielle

1) Der Prozeß als Rechtslage, 1925, S. 212.
2) a. a. O. S. 214ff., 288.
3) Rechtsphilosophie (ed. Lasson), S. 178.
4) Grundlagen des Prozeßrechtes, 1919, allenthalben, bes. S. 51.

Rechtskrafttheorie annimmt. Denn materielles und formelles Recht, wenn man überhaupt davon reden will, liegen nicht in derselben Ebene, daß sie sich abändern und nicht abändern könnten. Das Wirkliche ist wohl das Andere des Möglichen, somit Verwirklichung Änderung des Möglichen im Sinne seiner Erfüllung, niemals aber im Sinne seines Gehaltes. Die durch das Fehlurteil nicht verwirklichte Möglichkeit des materiellen Rechts bleibt, was sie ist, nämlich eine Möglichkeit, die jederzeit verwirklicht werden kann, und das Fehlurteil könnte nicht wirklich sein, wenn es in seiner Möglichkeit im materiellen Recht nicht bereitgelegen hätte. Somit ist es beim positiven Recht, in welchem Sinn es dem Urteil Wirklichkeit beilegen, in welchem Umfang es ihm Rechtskraft, wie wir uns ausdrücken, zusprechen will, ob und inwieweit es andere Verwirklichung, die möglich ist, verhindern will. Aber auch die formelle Rechtskrafttheorie verdient keinen Beifall. Denn indem sie die Rechtskraft auf den Prozeß beschränkt, verabsolutiert sie das formelle gegenüber dem materiellen Recht, während einzusehen ist, daß beide Funktionen ein und derselben Positivität des Rechts sind. Darum ist eine Rechtsmöglichkeit, die nicht mehr verwirklicht werden darf, weil die Rechtskraft entgegensteht, insoweit ein nudum ius, das zwar nicht aufgehoben, wohl aber verdorrt ist. So erklärt sich, daß die Gesetze allmählich das Gesicht der Rechtsprechung annehmen, um sich mit ihr fort und fort zu wandeln. Darum ist das Gesetz, wiewohl stets das Ewig-gestrige, gegenwärtiges Recht. Dies ist nicht so zu verstehen, als ob erst der Richterspruch, wie namentlich Oskar Bülow[1]) gemeint hat, das Recht setzte und das Gesetz gar nichts wäre. Das hieße den Richterspruch genau so verabsolutieren, wie man das Gesetz verabsolutierte, indem man es als fertige Norm, die nur anzuwenden wäre, jenem entgegenstellte, was schließlich zur Theorie von der doppelten Rechtsordnung geführt hat. Vielmehr sind Gesetz und Richterspruch relativ aufeinander als zwei Stadien in dem einen Verfahren der Gesetzgebung oder Rechtsprechung. Sie sind zwei Methoden ein und derselben Positivität. Prozeß ist Rechtsbewährung und darum der für die Parteien dabei herausspringende Rechtsschutz nur „regulatives, nicht konstitutives Prinzip", wie Erich Bley in seinem vorzüglichen Buche „Klagerecht und rechtliches Interesse" mit Recht sagt.[2]) Darum ist das Gericht Rechtsprechung nur dann, wenn es richtig gehegt ist, worüber die Rechtsordnung selbst befindet. Darum heißt richten gemäß dem Recht richten wozu auch Gesetz und Gewohnheit als seine Quellen gehören. Darum ist Rechtsprechung auch heute noch Rechtsfindung, nicht Rechtserfindung, wes-

1) Gesetz und Richteramt 1885.

2) 1923, S. 80.

halb die Gerichte ihre Sprüche Urteile oder Erkenntnisse nennen, weil sie, wenngleich nicht auf Wahrheit, nicht auf theoretische, so doch auf praktische Richtigkeit Anspruch erheben. Gericht ist nicht Willkür, sondern Bindung.

Aber Gericht ist auch Freiheit. Rechtsfindung, wiewohl nicht Rechtserfindung und insoweit gebunden, ist notwendig freie Rechtsfindung, wobei das Maß der Freiheit verschieden groß sein kann. Denn der Fall, welcher zu richten ist, verhält sich zum Recht, das ihn richtet, niemals wie die Art zur Gattung, ist also weder ihm zu subsumieren noch aus ihm zu deduzieren. Der Tatbestand des Mordes etwa, wie er im Strafgesetzbuch steht, ist nicht die Gattung der wirklichen Fälle von Mord, die zu Gericht stehen. Vielmehr ist er die Art, die logische Bedingung aller möglichen und damit auch wirklichen Fälle von Mord, in deren Eigenart er sich verwirklicht. Wirklichsein heißt eigenartig, heißt typisch sein. Darum ist jeder wirkliche Fall ein Fall von Eigenart, von Eigentypus, dessen Art, d. h. Tatbestandsmäßigkeit durch mehr oder weniger schwierige Analyse, durch Sonderung des Eigenhaften von dem Arthaften, niemals durch einfache Subsumption unter die Art oder gar Deduktion aus der Art gewonnen werden kann. Denn die Art ist wohl die Bedingung der Eigenart, aber gerade darum diese mit jener nur mehr oder weniger in Deckung zu bringen, was von dem Grade des Eigenhaften, von seiner Komplexität, wie wir oben[1]) gesehen haben, abhängig ist. Darum kann der Fall niemals aus dem Gesetz deduziert werden, wie überhaupt das Wirkliche nicht aus dem Möglichen. Wohl aber kann es Fälle geben, in denen das Eigenartige mit dem Artigen so sehr zusammenfällt, daß das Gericht einer einfachen Subsumption nahezu gleichkommt, wobei wir dann etwa von einem typischen Morde im Sinne des Arttypischen des Gesetzes zu reden pflegen. Allein auch hier wird bei einer entwickelten Rechtspflege das Eigenhafte nicht restlos ausgeschaltet, indem auf die besonderen Umstände des Falles soweit wie möglich Rücksicht genommen wird, da nicht ein Fall schlechthin, sondern gerade dieser Fall zu Gericht steht, der eine Erledigung nach Schema F, wie wir bezeichnend sagen, nicht verträgt. Richten heißt typisieren, nicht aber schematisieren oder generalisieren, was eine Vergewaltigung des Eigenhaften bedeutete, und erst recht nicht spezialisieren oder deduzieren, weil der Fall nicht die Spezies seines Tatbestandes ist. Jedoch freilich, diese einfachen und leichten Fälle, in denen Eigenart und Art zusammenkommen, sind Grenzfälle und nicht die einzigen. Vielmehr, je komplexer die Eigenart des Falles ist, der zu bewältigen ist, um so schwieriger und freier wird das Geschäft des Richtens, um so mehr entfernt es sich von dem Schein der

---

1) s. S. 46.

bloßen Subsumption. Ja, es kommt sogar notwendig ein Punkt, ein Grenzfall nach oben, wo von einer solchen schlechterdings in keinem Verstande mehr geredet werden kann, nämlich dann, wenn das Gesetzes- oder Gewohnheitsrecht, nach dem gerichtet wird, keinen Typus enthält, der in der Eigenart des Falles verwirklicht sein könnte, was wir als Lücke im Gesetz bezeichnen. Solche Lücken im Gesetz sind notwendig vorhanden, und zwar um so mehr, je weiter in der Ausgestaltung der Typen gegangen wird, weshalb die kasuistischen Gesetze wie etwa das Allgemeine Landrecht für die Preußischen Staaten bekanntlich die meisten Lücken haben. Denn da die Gesetze die Positivierung einer Art des Möglichen sind, wie wir wissen, umfassen sie mit Notwendigkeit nicht alles Mögliche, also auch nicht alle Arten der Fälle, die sich verwirklichen. Will also das Recht nicht auf ihr Gericht verzichten, was es im Strafrecht gemäß dem Satze nulla poena sine lege tut, so muß das Gericht von sich aus nachholen, was das Gesetz versäumt hat und versäumen mußte. Es muß dem Fall sein Recht setzen, indem es genau wie sonst die Bedingungen seiner rechtlichen Möglichkeit untersucht. Die Bedingungen seiner rechtlichen Möglichkeit aber liegen nirgends anders als in der Rechtsvernunft, und zwar in der Art der Rechtsvernunft, deren geschichtliche Wirklichkeit gegenwärtig am Werke ist, indem sie richtet. Somit muß das Gericht die Lücke ausfüllen in dem Sinn und Geist des Gesetzes, in dem sie sich findet, was freilich oft leichter gesagt als getan ist und vom Schweizerischen Zivilgesetze vom 10. Dezember 1907 in Artikel I geradezu klassisch formuliert wird, wenn es sagt:

„Kann dem Gesetze keine Vorschrift entnommen werden, so soll der Richter nach Gewohnheitsrecht und, wo auch ein solches fehlt, nach der Regel entscheiden, die er als Gesetzgeber aufstellen würde.

Er folgt dabei bewährter Lehre und Überlieferung."

Auch die sogenannte freie Rechtsfindung ist nicht Willkür, auch sie ist in den Strom der Geschichte gestellt, auch sie ist Selbstverwirklichung der Rechtsvernunft, wobei sich abermals zeigt, daß freie und gebundene Rechtsfindung, Rechtsfindung und Gesetzgebung nicht im mindesten absolute, sondern nur relative Gegensätze sind, bezogen auf die Einheit der Positivität des Rechts, deren verschiedene Methoden sie sind. Darum nennt das alte Recht den Urteiler oder Finder des Rechts wie wir noch heute den Laienrichter Schöffe; denn Schöffe kommt von Schaffen im Sinne von Ordnen, Verordnen, Bestimmen.[1]) Darum betont Philipp Heck in seinem ausgezeichneten Buche „Gesetzesauslegung und Interessenjurisprudenz"[2]) mit Recht das Schöpferische in der Rechtsprechung in ausgesprochenem

1) Kluge, Etymologisches Wörterbuch der deutschen Sprache, 9. Aufl., 1921, S. 407.

2) 1914, bes. S. 250.

Gegensatz zur Subsumptionstheorie. Das bedeutet aber, daß auch die Gerichtspraxis Rechtsquelle neben Gesetz und Gewohnheit ist, dies um so mehr, als sie außerdem noch deren Gewässer lenkt und leitet, hegt und pflegt. Und ebenso ist auch sie unendliche Aufgabe oder Idee, da sie dem Fall, den sie richtet, niemals ganz gerecht werden kann, worauf namentlich Sauer[1]) nachdrücklich hinweist, wie sehr sie sich auch mühe, indem Eigenart und Art, auch wenn sie sich scheinbar decken, niemals dasselbe sind. Wohl heißt richten jedem das Seine geben, aber das Seine eines jeden als dasjenige, was ihm wegen seines So-seins zukommt, ist nichts als die Bedingung seiner rechtlichen Möglichkeit, die es zu dem macht, das es ist. Somit enthält das Geben des Seinen die Beziehung auf das Rechtssystem, das das Jede zu einem Jeden dieses Systems macht. Richten heißt Bestimmen, Einordnen, Systematisieren, Typisieren, Objektivieren, worin angedeutet ist, daß das Eigentypische des Falles mehr oder weniger Gewalt erleidet. Diese Vergewaltigung wird mit der Starrheit des Typensystems und der Unfreiheit seiner Handhabung steigen, mit ihrer Beweglichkeit und Freiheit fallen, woraus sich die Losvomgesetzbewegung der Freirechtler erklärt; aber sie wird nie fehlen, weil sie mit der Positivität des Rechts in irgendeiner Form gesetzt ist. Darum verdient die Freirechtlerei, da in ihr die Gefahr des Präjudizienkultus auf der einen, systemloser Willkür auf der anderen Seite liegt, ebensowenig Billigung wie die kasuistische Gesetzgebung der Aufklärung, durch die Gericht und Partei in gleicher Weise geknechtet werden. Vielmehr ist das halbstarre System der Prinzipiengesetzgebung das richtige, in der weder Willkür noch Knechtschaft, sondern Freiheit herrscht, indem der einzelne Richter in seiner Vernunft geleitet wird von der Vernunft der Nation. Denn nicht das ist der Sinn der Rechtsprechung, daß das Ich des Richters ausgeschaltet, sondern daß es gereinigt und geläutert werde, weshalb er seine Urteile nicht im eigenen, auch nicht im Namen der Gerechtigkeit, sondern im Namen des Volkes verkündet, wobei unter Volk der Volksgeist und nicht die törichte Masse zu verstehen ist. Ist aber die Rechtsprechung notwendig ichhaft, so kann ihr im letzten Grunde ein weltanschauliches Moment nicht fehlen, worauf Max Rümelin[2]) in seiner schönen Rede über die Gerechtigkeit zutreffend hinweist.

Somit richtet das Recht, weil es im Geiste des Systems richtet, indem es um sich weiß, was geschieht in der Rechtswissenschaft. Die Rechtswissenschaft ist das um sich wissende Rechtssystem, weshalb man sie eine reproduktive, interpretative, reflektive, verstehende Wissenschaft genannt hat.

1) a. a. O. S. 28ff.
2) Die Gerechtigkeit, 1920, S. 56.

Sie ist das Bewußtsein der Einheit der Rechtsordnung, die außerhalb von ihr überhaupt nicht existiert, ihm daher nicht gegeben, sondern aufgegeben ist als eine unendliche Aufgabe. Die Rechtswissenschaft ist die Idee der concordia discordantium canonum, um mit Gratian, dem Schöpfer der Kanonistik, zu reden, in der alle historischen Widersprüche der Quellen aufgehoben sind zur Einheit der Rechtsordnung, und zwar deshalb, weil sie in dem System des Rechtlichen überhaupt begriffen sind. Darum ist diese „nivellierende" Rechtsdogmatik, von der wir in der Einleitung gehandelt haben, auf die Wahrheit bezogen und darum Wissenschaft. Sie ist zwar keine Rechtsquelle im Sinne und Range von Gesetz, Gewohnheit und Richterspruch, wohl aber die Quelle aller Quellen als die Quelle und der Ursprung des Rechts im Sinne eines Systems. Die Rechtswissenschaft ist die logische Struktur der Rechtsordnung; denn ihre Reflexion konstituiert die Rechtsordnung.

c) Das Recht als Zwang. Aber das Recht vollendet seine Positivität nicht im Gericht. Denn nicht, wenn der Mörder gerichtet, sondern erst, wenn er hingerichtet ist, ist seiner Tat das letzte Recht gesetzt. Kein Recht ohne Nachrichter, kein Recht ohne Zwangsvollstreckung; denn es ist Zwangsvollstreckung, wie es Gericht und Gesetzgebung ist. In diesen drei Stufen oder besser, um das Zeitmoment auszuschalten, in diesen drei Methoden entfaltet sich seine Selbstverwirklichung, wobei jede von ihnen die beiden anderen mehr oder weniger mit enthält.

Suchen wir uns das Wesen des Zwanges, über das viel Unklarheit herrscht, zur Gegebenheit zu bringen, so ist das Erste sein Ich-bezug. Ich zwinge, ich und niemand anders, weshalb es in der Natur keinen Zwang gibt. Wenn mich ein fallender Baum zu Boden wirft, so erdrückt er mich, aber er zwingt mich nicht, wie er auch den Stein, den er mit sich reißt, nicht zwingt, und mich die Verhältnisse nicht zwingen, so oder so zu handeln, wenngleich ich nicht anders handeln kann, als ich handele. Zwang ist Notwendigkeit, aber nicht Naturnotwendigkeit. Darum nicht nur, daß i c h zwinge, sondern auch nur i c h werde gezwungen. Wenn ich mich gegen eine Tür lehne oder werfe, bis sie aufplatzt, so ist dies wohl naturnotwendig, aber gerade darum nicht erzwungen. Nur unter Ichs, nur im Bereich der Handlung gilt Zwang. Zwingen ist Wollen und Gezwungenwerden nicht Wollenkönnen, wie man will. Zwang ist Willensbeugung, Freiheitsberaubung, Nötigung, Erpressung, oder wie man es nennen will. Auch der sogenannte physische Zwang, der Zwang durch Naturgewalt, ist psychischer Zwang, da der Zwang wegen seines Ich-bezugs die Notwendigkeit des Psychischen ist.

Ist nun das Recht um seiner Positivität willen dadurch, daß es richtet, so wird man nicht gut umhin können, ihm Zwangscharakter zuzuschreiben, indem die von ihm gerichtet werden, die sich nicht selbst nach ihm richten. Somit ist der Zwang des Rechts, wenn es hart auf hart kommt, indem das Selbstgericht der Rechtsüberzeugung versagt, Gerichtszwang im weitesten Sinne des Wortes, was nicht durch die sogenannte freiwillige Gerichtsbarkeit widerlegt wird. Denn deren Gegensatz zur sogenannten streitigen Gerichtsbarkeit ist nur ein technischer oder relativer, ein Unterschied im Verfahren, wie derjenige zwischen Gesetz und Gewohnheit, die beide, weil positiv, Gesetzgebung, und der zwischen Rechtsprechung und Verwaltung, die beide, weil Rechtswege, Gericht sind. Also wird auch in der freiwilligen Gerichtsbarkeit gerichtet, indem diejenigen, die hier gerichtet werden, sich wegen der Formvorschriften selbst nicht richten können, möchten sie es auch gleich wollen. Die freiwillige Gerichtsbarkeit ist Gerichtszwang, insofern sie kein Selbstgericht ist; und sie ist freiwillig, insofern sie ohne Streit, ein Richten ohne Rechten ist. Das Recht aber ist positiv, indem es gesetzt wird, und indem es gesetzt wird, richtet es, und indem es richtet, zwingt es. Also ist es positiv im Zwange und Zwang in der Positivität, weshalb es ganz falsch ist, die Zwangsvollstreckung als etwas Neues zum Recht hinzutreten zu lassen. Vielmehr ist der Gerichtsvollzieher der letzte Richter und der letzte Gesetzgeber, der die Rechtsetzung vollendet in dem langen Laufe ihrer Selbstverwirklichung. Darum ist das Recht im Zwange und der Zwang im Rechte, weshalb das Völkerrecht ebenso wie in großem Umfange das mittelalterliche Recht erst auf dem Wege zum Recht ist, da ihm, wenn auch nicht das Gericht, so doch jedenfalls der Gerichtsvollzieher fehlt.

Aber das Recht ist nicht nur im Zwange, sondern auch in der Richtigkeit, und der Zwang nicht nur in, sondern auch außer dem Rechte, wie jeder weiß. Somit ist der Zwang der Durchgang von der einen zu der anderen Welt, was schon Iwan Iljin[1]) in seiner schönen Abhandlung über „Die Begriffe von Recht und Macht" gut herausgearbeitet hat. Der Zwang ist die Funktion des „Für" in der Rede: Das Recht ist für den oder jenen Fall gesetzt. Gäbe es den Zwang nicht, so wäre dieses „Für" eine leere Floskel ohne jede Erfüllung, wie das im mittelalterlichen Recht, aber auch im modernen, insbesondere im Völkerrecht gelegentlich zum Erschrecken deutlich wird. Darum ist es ebenso richtig wie falsch, zu sagen, der Zwang sei außer dem Rechte, weil es rechtmäßigen und rechtswidrigen Zwang gibt, wie Natorp[2]) meint. Denn als ehrlicher Makler steht er eben zwischen den Parteien, draußen wie drinnen, wie das beim Gewissenszwang der Moral genau so ist.

---

1) Archiv f. systemat. Philosophie, Bd. XVIII, 1912, S. 139.
2) a. a. O. S. 457.

Zugleich damit ist das viel umstrittene Verhältnis von Recht und Macht, Recht und Gewalt geklärt. Recht ist Macht und darum unter dem „Gesetz der Macht“, um mit Friedrich von Wieser[1]) zu reden, wie auch das Sittliche Macht ist, indem jedes von ihnen in seiner Weise etwas vermag in der Wirklichkeit, weshalb wir nicht umsonst von sittlicher und rechtlicher Macht reden. Recht ist darüber hinaus auch sogar Gewalt, indem es das Schwert führt, das dem Sittlichen fehlt, weshalb wir eine Lehre von der Teilung der Gewalten haben. Das Sittliche ist ohne Schwert, weil es notwendig Selbstgericht im Gewissen ist, wie es auch Selbstgesetz ist, weil ohne Setzung. Es ist notwendig und in jeder Hinsicht autonom, weil absolut. Das Selbstgericht des Sittlichen ist Zwiespalt des Ichs in Buße und Reue, zu dem mich niemand verurteilen und zwingen, von dem mich auch niemand erlösen und befreien kann, außer ich selbst. Das positive Recht dagegen ist weder notwendig Selbstgericht, noch notwendig Fremdgericht, sondern sowohl das eine wie das andere, indem die gerichtet werden, die sich nicht selbst richten. Es ist die Möglichkeit der Gewalt, weshalb es gar nichts ausmacht, daß es im Staats-, aber auch im Privatrecht gelegentlich vom Zwange absieht und absehen muß, insoweit es sonst gegen die guten Sitten verstoßen würde. Wenn es daher in dem viel erörterten § 1297 BGB heißt: Aus einem Verlöbnis kann nicht auf Eingehung der Ehe geklagt werden, so beweist das weder etwas gegen den Zwangscharakter des Rechts noch für den Rechtscharakter dieser Vorschrift. Denn diese Bestimmung ist als solche überhaupt überflüssig, da das Gegenteil heutzutage gegen die guten Sitten verstoßen und somit kein Recht sein würde, und jedenfalls ist nicht jeder technische Rechtssatz die Fülle des Rechts, das sich als Ordnung in Haupt- und Nebensätze gliedert, wie noch zu zeigen ist.

Aber nicht jede Macht und jede Gewalt ist Gericht. Vielmehr gehört dazu das Bewußtsein um ihre Richtigkeit, da alles Richten ein Ich richte bedeutet und somit nur dann gegeben ist, wenn es im Richten um sich und sein Richten weiß. Kein Gericht ohne Rechtsbewußtsein, oder, was dasselbe ist, kein Recht ohne Rechtsüberzeugung, was nicht bloß für das Gewohnheitsrecht gilt und unser Trost für das Völkerrecht ist, da nicht wohl geleugnet werden kann, daß es eine Rechtsüberzeugung vom Völkerrecht gibt, weshalb wir sagten, daß es wenigstens auf dem Wege zum Recht sei. Überzeugung vom Recht haben aber heißt, da dieses im Ethos gründet, wie wir sahen, gewissenhaft richten. Also ist das Recht Gewalt aus Gewissen, wie es J. Goldschmidt[2]) zutreffend formuliert hat. Darum, wenn

1) Das Gesetz der Macht, 1926, S. 112ff.
2) a. a. O. S. 236.

wir fragen, was den, der zum anderen sagt: Hände hoch oder ich schieße! zum Verbrecher macht, so ist es nicht so sehr das Gesetz, das ihn richtet, sondern sein böses Gewissen. Denn wenn er es mit gutem Gewissen, in der Überzeugung seines Rechtes tat, so fehlte ihm, wie wir uns ausdrücken, das Bewußtsein der Rechtswidrigkeit, so war er nicht im Unrecht, sondern im Recht, selbst wenn er eigentlich, d. h. nach dem Gesetze, kein Recht hatte, selbst wenn, wie wir sagen, der objektive Tatbestand des Deliktes erfüllt war. Das Bewußtsein der Rechtswidrigkeit nämlich ist nicht Rechtskenntnis im Sinne von Gesetzeskenntnis, sondern Kenntnis des Unrechts im gegenwärtigen Fall, d. h. böses Gewissen. Darum ist Gewalt aus gutem Gewissen immer im Recht, denn sie ist das Recht, woran das Polizeirecht, die Ordnung um der Ordnung willen, die einen Grenzfall bedeutet, nicht das Geringste ändert. Wer mit gutem, d. h. reinem Gewissen richtet, hat immer recht gerichtet, auch wenn es vor dem Gesetze fehlerhaft war. Freilich ist der nicht im reinen Gewissen und damit im Recht, der mit dem Bewußtsein der Rechtswidrigkeit Gewalt übt, zu der ihn sein Gewissen treibt. Gewissen mit Bewußtsein der Rechtswidrigkeit ist nicht reines Gewissen, weil Widerspruch. Darum ist der politische Mörder Verbrecher und dem Gericht verfallen, mag ihn gleich sein irregeleitetes Gewissen freisprechen. Denn da er wußte, daß er vor dem Gericht im Unrecht war, so geschieht ihm nicht Unrecht, sondern Recht, wenn er verurteilt wird. Andererseits ist der Verbrecher aus Gewissen um seiner sittlichen Not willen kein gemeiner Verbrecher, was ihm das Gericht zugute halten kann, und schließlich ist es sogar die Frage, ob ihn das Recht und nicht vielmehr er das Recht bricht. Dann wird aus dem Verbrecher ein Zerbrecher des Rechts, wie jeder erfolgreiche Hochverrat zeigt und beim Problem der Revolution noch näher zu erörtern ist. Aber wie es mit solchen Grenzfällen auch stehe, daß das Recht Gewalt aus Gewissen sei, das ist es, was begriffen werden, auf der ganzen Linie begriffen werden muß, wozu jedoch der Positivismus, da er das Recht von dem Ethos losreißt und damit von der Gewalt nicht mehr zu scheiden vermag, völlig außerstande ist. Für ihn handelt es sich beim Mangel der Rechtswidrigkeit um Ausnahmen, um Unrechts- oder Schuldausschließungsgründe, von denen er schlechterdings nicht anzugeben vermag, warum sie Berücksichtigung finden und finden müssen, wenn sich das Recht nicht selbst aufgeben will. Denn da ihm alles Recht ist, was Gesetz und weil es Gesetz ist, so könnte es ebensogut auch anders sein, wie es ja in primitiven Zeiten auch anders war. Allein es konnte und kann nur solange anders sein, als es die positive Moral für gewissenhaft hält, den subjektiven Tatbestand, wie wir uns ausdrücken, mehr oder weniger zu vernachlässigen. Darum konnte es in den deutschen Urwäldern heißen: die Tat tötet den Mann, um es dann Schritt für Schritt in sein

Gegenteil zu verkehren; darum ist die Erfolgshaftung heutigentags aus dem Strafrecht im wesentlichen verschwunden und der Schuldhaftung gewichen, dagegen im Zivilrecht, wo es sich nicht um Schuld und Sühne, sondern um Ersatz handelt, neben dieser verblieben. Darum gilt das Gleiche für das Polizeirecht, wo weder Schuld und Sühne noch Ersatz, sondern Sicherheit zur Frage steht nach der klassischen Definition des Preußischen Allgemeinen Landrechts § 10, II, 17, woselbst es heißt: „Die nötigen Anstalten zur Erhaltung der öffentlichen Ruhe, Sicherheit und Ordnung und zur Abwendung der dem Publico oder einzelnen Mitgliedern desselben bevorstehenden Gefahr zu treffen, ist das Amt der Polizei."

Ist aber das Recht Gewalt aus Gewissen, so können wir zuweilen nicht sicher sagen, ob wir Recht oder Scheinrecht vor uns haben, weshalb wir in unserer Not von Gewaltrecht reden. Aber diese Ungewißheit ist eher ein Vorzug als ein Nachteil unserer Auffassung, die darin ihre Lebensnähe offenbart. Denn das Leben in seiner Wirklichkeit ist komplex, wie wir wissen, ist ebenso begreiflich wie unbegreiflich, weshalb der juristische Rationalismus nur seine eine Seite sieht, indem er die andere und damit das Ganze tötet. Das Macht- oder Gewaltrecht ist der Nullpunkt der Richtigkeit des Rechts, wie das ohnmächtige Recht der Nullpunkt seiner Positivität. In diese beiden Pole ist jedes positive Recht in ewiger Dialektik gespannt, um bald das eine, bald das andere zu sein. Wann aber das Recht in seiner Totalität zu sich selber gekommen ist, indem es Gewalt aus Gewissen ist, das vermag kein Verstand der Gelehrten zu sagen. Wenn Ihr's nicht fühlt, Ihr werdet's nicht erjagen. Somit ist das Rechtsgefühl die Gewißheit des Rechts und seiner Wirklichkeit.

2. DAS RECHT ALS SUBJEKTIVITÄT

Bisher war in bewußter, vielleicht schon von manchem beanstandeter Einseitigkeit fast nur von der Objektivität des Rechts die Rede. Wir erkannten es als Richtigkeit und Positivität, als das, was im Hinblick auf die Gerechtigkeit gesetzt wird, indem es richtet, und richtet, indem es zwingt, als die Gewalt aus Gewissen. Aber diese Beschränkung wäre Unvollständigkeit, würden wir das Recht nicht auch als Subjektivität ins Auge fassen, sowohl nach der Aktiv- als auch nach der Passivseite. Denn alles Gericht bedeutet ein: ich richte mich oder dich, ist die Einheit von Ich und Du im Gericht. Somit sind Richter wie Gerichteter nicht außerhalb, sondern innerhalb des Rechts, als Personen des Rechts, weshalb eine Rechtsbetrachtung, die an ihnen vorbeiginge, unzureichend wäre.

Richtet das Recht Handeln und Unterlassen, d. h. Verhalten, wie wir wissen, so ist der im Recht, der sich richtig, der im Unrecht, der sich unrichtig verhalten hat. Richtig und unrichtig sich verhalten haben kann aber nichts anderes heißen, als sich so verhalten haben, wie man sollte oder nicht sollte. Somit ist das Recht seiner Behauptung nach Pflicht für die Gerichteten, da im Praktischen Sollen eben Pflicht bedeutet, wie wir wissen.

Aber das Recht behauptet nicht nur Verpflichtung, sondern auch Berechtigung. Denn zum mindesten muß der berechtigt sein, der richtet, weil sein Spruch sonst nicht Recht, sondern Unrecht wäre. Aber auch auf seiten der zu Richtenden ist Berechtigung möglich. Denn in dem Falle, daß nicht alle zu einem Verhalten verpflichtet sind, sind notwendigerweise dadurch die Nichtverpflichteten zum Gegenteil berechtigt und umgekehrt. Bin ich und nur ich, um ein ganz einfaches Beispiel zu wählen, verpflichtet zu schweigen, so ist jeder andere, da er nicht auch verpflichtet ist, berechtigt, zu reden. Bin aber ich und nur ich berechtigt, zu reden, so ist jeder andere, da er nicht auch berechtigt ist, verpflichtet zu schweigen. Somit ist unter den Gerichteten mit jeder Sonderpflicht die entgegengesetzte Sonderberechtigung, mit jeder Sonderberechtigung die entgegengesetzte Sonderpflicht gesetzt, was freilich nicht so zu verstehen ist, als ob jedem Recht eine Pflicht und jeder Pflicht ein Recht im Sinne eines besonderen Gegners entsprechen müßte. Nenne ich nämlich die Pflicht Sollen oder Müssen, und das Recht Dürfen oder Können, so ist sehr wohl möglich, daß ich etwas soll, ohne daß ein besonderer Jemand etwas darf, wie z. B. bei der Auflage, und ich etwas darf, ohne daß mir ein besonderer Jemand etwas soll, wie z. B. bei allen Zuständigkeitsbefugnissen. Es gibt Rechte und Pflichten ohne besonderen Gegner, was wiederum nicht so zu verstehen ist, als fehle ihnen überhaupt jeder Gegner. Denn da das Recht die Einheit von Ich und Du in der Gemeinschaft ist, so muß jede Befugnis und jede Pflicht notwendig gegenüber dem oder einem anderen überhaupt bestehen, zum mindesten im Sinne einer Duldung oder Unterlassung. Kein Recht und keine Pflicht ohne ein Gegenüber, wodurch sie sich wechselweise begrenzen, weshalb jedes Recht zugleich Pflicht und jede Pflicht zugleich Recht ist, wie das beim Deutschen Recht fort und fort in die Erscheinung tritt, während römische Einseitigkeit lehrt: qui suo iure utitur, neminem laedit.

Aber noch ein Weiteres folgt daraus. Ist nämlich das Recht die Einheit von Ich und Du im Gericht, so sind die Rechte und Pflichten des Ich und Du weder nach und erst recht nicht vor der Rechtsordnung, sondern zugleich mit ihr als deren Funktion. Darum kann es weder Selbstberechtigung noch Selbstverpflichtung geben. Dürfen und Sollen als Funktionen des Gesetzes sind allemal Du-dürfen und Du-sollen und damit streng fremdpersonal. Darum ist der Satz: erlaubt ist, was gefällt, wenn er absolut ausgesprochen wird, in sich widerspruchsvoll. Ist mir nämlich schlechthin erlaubt, was mir gefällt, was ich bestimme, so ist mir damit nichts erlaubt, so ist vor meiner Freiheit der Begriff der Erlaubnis dahingefallen. Denn, daß ich alles darf, hat nur dann einen Sinn, wenn es ein Dürfen von allem, die Selbstbestimmung des Gedurften, nicht aber des Dürfens selber ist. Auch der Despot hat das Gesetz über sich, das ihn zum Despoten bestimmt und ihm erlaubt, Despot zu sein; oder es herrscht keine Despotie, sondern Anarchie. Damit ist zugleich dargetan, daß es auch keine Selbstverpflichtung im absoluten Sinne geben kann. Das wäre Sollen, wenn und solange ich will, und damit widersinnig. Verpflichte ich mich selbst, indem ich etwas verspreche oder vereinbare, so ist das wohl ein Akt meines Willens, aber wenn ich gebunden bin, so ist es nicht mein Wille, der bindet, sondern das Gesetz des Versprechens, das jenseits meines Willens ist, womit die Bierlingsche Anerkennungstheorie, die die Geltung des Rechts auf die Anerkennung der Rechtsunterworfenen gründet, erledigt ist. Andernfalls müßte mit meinem Willen auch die Bindung hinwegfallen, was nur nach Maßgabe der Gesetzlichkeit des Versprechens der Fall ist. Hiergegen ist nicht der Gedanke der sittlichen Autonomie ins Feld zu führen. Denn ich darf und soll nicht das, was ich will, sondern was mein Gewissen will. Auch das Sittengesetz ist Du-dürfen und Du-sollen und seine Autonomie lediglich darin, daß mein und kein anderes Gewissen bestimmt, was ich soll und darf. Der ethische Wille ist nicht der psychologische Wille.

Sind also Rechte und Pflichten mit der Rechtsordnung als deren Funktion gesetzt, so unterliegen sie auch grundsätzlich ihrem Gericht. Freilich ist es eine andere Frage, ob das Gericht seinen Zwang in alles und jedes mische. Darum kann es klaglose Rechte und Pflichten geben, ohne daß man deshalb an ihrer Gültigkeit zweifeln müßte, und zwar deshalb, weil sie in einem als geltend ausgewiesenen System des Rechts stehen, was eben beim Völkerrecht in seiner Totalität nicht so sicher ist.

Aber freilich, ist auch das Recht, weil es Richtigkeit ist, ein System von Rechten und Pflichten, so ist es doch andererseits, weil es zugleich Positivität ist, nur bedingt, nicht unbedingt ein solches. Es ist der Anspruch einer Begründung von Rechten und Pflichten, der seinerseits der Begründung bedarf. Darum sind alle juristischen Rechte und Pflichten relativ, niemals absolut, was nicht im technischen Sinn der Jurisprudenz verstanden werden darf und mit der Unterscheidung von relativen und absoluten Rechten und Pflichten innerhalb der Rechtsordnung nichts zu tun hat. Vielmehr ist gemeint, daß die juristischen Rechte und Pflichten niemals unter allen Umständen ein Sollen und Dürfen sind, wie das bei den ethischen Rechten und Pflichten der Fall ist, sondern ebenso wie bei der Moral nur dann, wenn sie im Ethos gründen, da das Recht ebenso wie die Moral im Ethos ruht, wie wir wissen. Darum hat Julius Binder[1]), dem ich in diesem Punkte wie überhaupt in der Grundhaltung zustimme, jetzt wie früher, was man freilich gröblich mißverstanden hat, vollkommen die Wahrheit gesehen, wenn er lehrt, daß das Recht rechtlich zu nichts verpflichte, und man kann hinzufügen, daß es auch zu nichts berechtige. Wenn mir das Recht eine Befugnis verleiht, so darf ich in aller und jeder Hinsicht nur, wenn ich sittlich darf, und wenn es mir eine Pflicht auferlegt, so soll ich in aller und jeder Hinsicht nur, wenn ich sittlich soll. Keine Macht der Erde kann mir ein Dürfen oder Sollen zusprechen, von der mein Gewissen nichts weiß. Man kann mir den Leib nehmen, Gut, Ehr, Kind und Weib, das alles kann man mir nehmen, mit und ohne Recht, was davon abhängt, ob mein Gewissen irrte oder nicht, wenn es sich dem Recht widersetzte, aber niemals bin ich einem Rechte Gefolgschaft schuldig, das wider mein Gewissen ist. Denn ich schulde dem Recht als solchem überhaupt keinen Gehorsam, sondern nur meinem Gewissen, das mich allerdings verbindet, dem Rechte zu gehorchen, soweit es nichts Unsittliches von mir fordert, und zwar deshalb, weil es die Bedingung der Möglichkeit der Gemeinschaft ist, der ich angehöre, als die Verhinderung des Hindernisses der Freiheit. Somit ist der Gehorsam gegenüber dem Recht grundsätzlich eine ethische Frage und eine juristische nur insoweit, als ein Recht, das Unsittliches fordert, aufhört, Recht zu sein, wie wir wissen. Darum ist, was eine altgermanische Anschauung ist, der Widerstand gegen ein unsittliches Recht nicht nur sittlich, sondern auch rechtmäßig und nicht rechtswidrig, wie schon in einer freilich bestrittenen Stelle des Sachsenspiegels (III, 78, § 2) zu lesen ist.[2]) Dabei zeigt sich, daß höchste Subjektivität in Wahrheit höchste Objektivität ist, indem es schon sehr weit kommen muß, ehe mein Gewissen mich berechtigt, der Rechtsordnung Widerstand zu leisten, da auch eine schlechte Ordnung immer noch besser ist als gar keine.

Aber freilich, wendet sich auch das Recht nicht unmittelbar an das Gewissen wie die Moral, so ist es doch Gewalt aus Gewissen und damit Recht nur dann, wenn es im Wissen der Berechtigten und Verpflichteten ist oder wenigstens sein kann. Denn es wäre keine Gewalt aus Gewissen, einen zu richten, der gar nicht wissen kann, was er eigentlich sollte. Recht muß wißbar sein. Darum ist es nicht nur ein Gebot der Zweckmäßigkeit, sondern der Gerechtigkeit, die Gesetze kundbar zu machen. Freilich, da die Rechtsordnung, wie wir wissen, sich nicht uno actu, sondern erst in einem mehr oder weniger langsamen Verfahren verwirklicht, so können auch die Rechte und Pflichten der Gerichteten sich erst schrittweise herausstellen und wißbar werden. Das Gesetz ist die Möglichkeit des Rechts und der

1) a. a. O. S. 553ff.

2) Dazu Fritz Kern, Gottesgnadentum und Widerstandsrecht, 1914, S. 372ff.

Pflicht, erst der Richterspruch und die Vollstreckung ist von beiden die volle Wirklichkeit. Darum kann der zu Richtende von seinen Rechten und Pflichten wirklich erst wissen, wenn er rechtskräftig verurteilt ist. Dagegen weiß er vorher, wenn überhaupt, nur von mehr oder weniger sicheren Möglichkeiten, wie jeder zugeben wird, der einmal in einer Anwaltskanzlei vor oder hinter dem Schreibtisch des Rechtsberaters gesessen hat. Diese Möglichkeit kann fast die Wirklichkeit sein, wenn der Fall klar und einfach „auf der Hand" liegt. Aber darin zeigt sich eben lediglich, daß Verwirklichung ein Prozeß ist, der mehr oder weniger leicht zu übersehen ist. Ist das Gesetz die Möglichkeit von Recht und Pflicht, so sind alle die, die es möglicherweise richtet, möglicherweise berechtigt und verpflichtet. Somit geht es auf deren Gefahr, wenn sie sich ums Recht nicht kümmern, sei es, daß sie überhaupt keine Kenntnis davon nehmen, sei es, daß sie es bewußt vernachlässigen. Darum wird denen, die ums Recht nicht wissen können, den Unmündigen an Alter oder Geist, die im Gegensatz zur Moral ins Recht einbezogen sind, weil es sich nicht, wie die Moral, an das Gewissen wendet, im Vormund ein Organ des Wissens gesetzt.

Nun ist freilich Umfang und Inhalt des modernen Rechts so reich geworden, daß es ein Laie überhaupt nicht und auch der Jurist nur teilweise übersehen kann. Aber was der Laie für das tägliche Leben braucht, lernt er aus der Erfahrung, und wenn es im einzelnen Fall seine Kraft übersteigt, so steht ihm die Rechtskunde von Beruf, die Anwaltschaft, zur Verfügung. In unserer technisch und beruflich differenzierten Gegenwart ist die Anwaltschaft das Bewußtsein der zu Richtenden von der Möglichkeit ihrer Rechte und Pflichten. Nur so ist der sonst so brutale Satz: ignorantia iuris nocet rechtsfähig. Damit tritt dem Rechtsbewußtsein und der Würde des Gerichts das Rechtsbewußtsein und die Würde der Anwaltschaft ebenbürtig an die Seite, indem sie beim Gericht mitwirkt, mag es sich dabei um das Selbstgericht oder das Fremdgericht des Rechts handeln.

Aber freilich, wenn alles Recht notwendig darin besteht, daß es wißbare Rechte und Pflichten begründet, so könnte die Frage aufgeworfen werden, wie es denn damit sich vertrage, daß unsere Gesetzbücher durchaus nicht nur von Rechten und Pflichten, sondern auch von sehr vielem anderen, von Bedingungen, Fristen und was dergleichen mehr ist, reden, wie jeder weiß. Allein, so sehr dies zutrifft und so schwierig und wichtig die Aufgabe ist, ein Gesetz zu formen, worüber in einer Lehre von der Technik der Gesetzgebung zu reden wäre, so wenig bedeutet dies einen E nwand, da das Gesetz eben nicht das Recht, sondern nur die Möglichkeit dazu ist. Wenn aber die Möglichkeit Wirklichkeit wird im Gericht, so verschmilzt alles, was die Gesetze enthalten, Rechte, Pflichten und was sie sonst meinen, in ein einziges Endurteil, das nicht anders lautet als: dieser ist oder ist nicht im Recht, jener ist oder ist nicht in der Pflicht. Somit handelt das Recht in seiner höchsten Wirklichkeit immer nur von Recht und Pflicht. Aber die Gesetze, sofern sie nicht sehr primitiv und dürftig sind, können sich freilich damit nicht begnügen. Denn abgesehen davon, daß sie meistens nicht nur von einer, sondern von vielen Möglichkeiten, von Rechten und Pflichten reden, müssen sie auch die Voraussetzungen angeben, unter denen diese Möglichkeiten Wirklichkeit werden. Darum reden sie hypothetisch, und zwar nicht immer in einem einzigen Satz wie das Gerichtsurteil. Denn man kann wohl von dem Wirklichen, nicht aber von dem Möglichen und seinen Bedingungen, zumal wenn es deren viele sind, in einem Satz reden. So erklärt es sich, daß die Gesetze sich in Haupt- und Nebensätze gliedern, in solche Sätze, die von Rechten und Pflichten, und solche, die von ihren Bedingungen reden, womit natürlich nicht sprachliche, sondern juristische Unterschiede gemeint sind.[1])

3. DAS RECHT ALS GELTUNG

Haben wir nunmehr das Recht in seiner Richtigkeit und in seiner Positivität, in seiner Objektivität und Subjektivität, in seiner Aktivität und Passivität grundsätzlich kennengelernt, so ist es nunmehr an der Zeit, als letztes die vielleicht schon vermißte Frage nach seiner Geltung aufzuwerfen und zu beantworten. Diese wird von manchen schon früher behandelt, weshalb sie leicht an ihr scheitern. Denn die Geltung des Rechts ist ebenso komplex und problematisch, wie das Recht selbst, dessen Wirklichkeit eben seine Geltung ist. Das Recht gilt in der Wirklichkeit, insofern es positiv ist, und es gilt für die Wirklichkeit, insofern es Richtiges ist. Es gilt für Zeit und Raum und gilt doch auch in Zeit und Raum, was fast wie ein unlösbares Rätsel klingt. Aber dieser Widerspruch ist es gerade, der zu begreifen ist und nicht begriffen werden kann, wenn man das Recht einerseits von der Wirklichkeit losreißt, andererseits in ihr aufgehen läßt. Darum trifft die normative Jurisprudenz Kelsens ebensowenig das Richtige wie ihre Gegnerin, die soziologische Jurisprudenz, wozu auch Sanders Theorie der Rechtserfahrung, zumal nach ihrem eigenen Geständnis,[2]) zu rechnen ist. Jene, indem sie Recht und Wirklichkeit als Sollen und Sein in radikalen Gegensatz bringt, verfehlt dessen Positivität, wie Sander[3]) ihr mit Recht vorhält, obwohl sie sich Positivismus nennt; diese, indem sie beide im Sein begreift, zerstört seine Richtigkeit. Dahingegen ist das Recht im strengen Sinne weder Sollen noch Sein, was nur dem Absoluten zukommt, wie wir wissen, sondern vielmehr sowohl von jenem als auch von

1) Dazu besonders Heck, a. a. O. S. 15 u. 97.
2) Zeitschr. f. öff. Recht, Bd. II, S. 524, Anm. 1, S. 639, Anm. 1.
3) a. a. O. S. 552.

diesem bestimmt, mithin relativ. Es ist relativ auf das Sollen als das, was gesollt ist, und relativ auf das Sein, als das, was ist. Es ist Gesolltes, insofern es Richtiges ist, und es ist Seiendes, insofern es Positives ist. Es ist ebenso seiendes Gesolltes, wie gesolltes Seiendes, je nachdem ob man seine Richtigkeit oder seine Positivität, seine normative oder seine soziologische Seite hervorheben will, worin sich zeigt, daß es wie alles Wirkliche komplex ist, nicht nur eine Seite hat, sondern deren zwei. Darum ist mit der normativen zugleich die soziologische Seite gesetzt und umgekehrt, und ich kann nicht die eine von der anderen losreißen, von einer normativen und einer soziologischen Geltung nebeneinander reden, wie das auch Emge[1]) tut. Vielmehr ist die eine zugleich immer die andere oder überhaupt keine Geltung. Das Recht gilt, indem es richtet, und es richtet, indem es gilt. Geltung ist Selbstverwirklichung im Gericht, im Selbstgericht und im Fremdgericht. Darum heißt Recht setzen Recht in Geltung setzen, was nicht schon mit dem Erlaß des Gesetzes geschehen ist. Das Gesetz wird in die Geltung hineingesetzt, da es selbst noch nicht Geltung, wohl aber die Möglichkeit dazu ist. Es tritt in Kraft im Gericht wie auch außer Kraft im Gericht, im Selbstgericht und Fremdgericht. Ein Recht, das nicht richtet, hat keine Geltung, da Geltung Vergeltung ist, indem ein jeder von ihm empfängt, was seine Taten wert sind, im Guten wie im Bösen.

Ist die Geltung des Rechts Gerichtsgeltung, wie sein Zwang Gerichtszwang, so gilt es sowohl im Selbstgericht als im Fremdgericht. Geltung ist Fähigkeit zum Gericht, ist Richtbarkeit, weshalb G. Husserl[2]) die Urteilsrechtskraft mit Fug eine Spezies der Rechtsgeltung nennt. Recht gilt, wenn diejenigen gerichtet werden, die sich nicht selbst richten. Insofern gilt es unabhängig von dem Willen derer, die es richtet, da zum mindesten das Fremdgericht in jedem möglichen Sinne des Wortes Zwangsgericht ist. Geltung ist Zwangsgeltung. Aber diese Zwangsgeltung hat ihre Grenze, worin sich die von der Bierlingschen Anerkennungstheorie einseitig betonte Relativität des Rechtes auswirkt. Wird nämlich der Widerstand der zu Richtenden so groß, daß nicht mehr gerichtet werden kann und gerichtet wird, so hat das also behandelte Recht mit dem Gericht seine Geltung verloren, worin sich zeigt, daß es positivierte Rechtsvernunft, der Rechtsgeist seiner Zeit ist. Der Rechtsgeist seiner Zeit hat es gewogen und zu leicht befunden. Darum hat es der Verbrecher gebrochen, statt selbst gebrochen zu werden; darum ist er zwar nicht im Recht, aber jedenfalls auch nicht auf dem Schaffott, was jetzt zu betrachten ist.[3])

1) a. a. O. S. 81.
2) a. a. O. S. 143.
3) Vgl. hierzu meine Abhandlung Die Revolution als Rechtsproblem. Archiv des öff. Rechts, N. F., Bd. 11., 1927.

Handelt der Umstürzler bewußt rechtswidrig — und das tut er — so fehlt ihm, wie wir schon beim politischen Mörder gesehen haben, das reine Gewissen, was schwere Gewissensnot für ihn bedeuten kann, so ist seine Tat nicht Recht, sondern Unrecht, mag sie auch gleich eine neue und höhere Moral verkünden, worin trotz aller Rechts- und Moralwidrigkeit das ethische Recht eines Umsturzes liegen kann. Jedoch, ist auch der Umstürzler schuldig, weil er das Recht stürzt, so wird er doch nicht gerichtet, weil er das Recht stürzt. Denn weil und insoweit er nicht gerichtet wird, hat sich das Recht, das er stürzt, entwirklicht und außer Kraft gesetzt. In Geltung treten heißt Verwirklichung, außer Geltung treten heißt Entwirklichung des Rechts, da die Geltung die Wirklichkeit, und zwar die Selbstverwirklichung des Rechts im Gericht ist. Aber freilich, nur insoweit der Umstürzler nicht gerichtet wird, ist das Recht außer Kraft getreten, im übrigen jedoch geblieben, wie es war. Es ist geblieben, indem es richtet, wobei es keinen Unterschied macht, ob es nach den Gesetzen vor oder nach dem Umsturz, nach altem oder neuem Recht richtet. Denn das Gericht ist, wie wir wissen, immer im Recht, sofern es nur ein Gericht ist, auch wenn es fehlerhaft Recht spricht. Die Revolutionsgesetze als solche wie alle Gesetze, auch die legitimen, sind überhaupt kein Recht, wohl aber die Möglichkeit zum Recht, das im Gericht sich verwirklicht. Freilich ist das Gericht nach den Revolutionsgesetzen fehlerhaftes Recht, weil es im Widerspruch zu den Gesetzen steht, nach denen Recht gesprochen werden sollte. Aber das fehlerhafte Recht ist ebenso Recht wie das legitime, da eben das Gericht auch beim Fehlurteil immer im Recht ist, wie wir wissen; allerdings unter einer wichtigen, wenngleich selbstverständlichen Bedingung, nämlich der, daß die Bedingung der Möglichkeit des Rechts überhaupt erfüllt ist, und das ist die Sittlichkeit. Also ist der Spruch des Gerichts auf Grund fehlerhafter Gesetze nur dann Recht, wenn er nicht gegen die Moral verstößt. Zum Recht gehört die Rechtsüberzeugung, das reine Gewissen, das die Gewalt zum Rechte macht. Somit sind die alten oder neuen Gerichte, wenn sie richten, nur dann im Recht, wenn ihre Sprüche, mögen sie nach altem oder neuem Gesetze richten, in reinem Gewissen, in Rechtsüberzeugung ergangen sind, was eine gewisse Weile subjektiv und objektiv zweifelhaft sein mag, worauf auch das Reichsgericht[1]) hinweist, nicht nur für das Fremdgericht der Richter, sondern auch für das Selbstgericht der zu Richtenden. Aber diese Zeiten der Unsicherheit gehen vorüber und müssen vorübergehen. Denn das positive Recht ist die positivierte Rechtsvernunft, der Rechtsgeist einer Zeit, der um sich weiß, indem er richtet, im Fremdgericht und im Selbstgericht, dessen Selbstgewißheit

1) Entscheidungen in Strafsachen im Falle Kapp-Lüttwitz, Bd. 56, S. 267.

wohl schwanken, niemals aber verlöschen kann, solange er überhaupt lebt. Darum, wie jedes Selbstbewußtsein bleibt, trotz aller Zweifel an sich, ja sogar dann nicht aufhört, wenn es in der Bewußtlosigkeit auf dem Nullpunkt ist, also ist auch das positive Recht selbst in den schwankenden Zeiten des Umsturzes sich seiner Identität im Geiste bewußt. Es bleibt die Selbstverwirklichung ein und derselben Art der Rechtsvernunft, die Wirklichkeit ein und desselben Rechtsgeistes, wie tief und breit auch das Heute vom Gestern getrennt sein mag. Darum gibt es insofern keinen absoluten Umsturz, keinen absoluten Bruch der Rechtsordnung, darum ist insoweit jede Revolution eine Revolution im Recht und nicht des Rechts. Sie zerstört nicht die Identität oder Kontinuität des Rechts, wie radikal sie auch sei und namentlich sich aufspiele, sie ist nicht außerhalb, sondern innerhalb der Rechtsordnung, wie Sander[1]) vollkommen richtig erkannt hat, nur daß ihm die idealistische Begründung im Rechtsgeist fehlt. Der Umsturz liegt in der Gesetzlichkeit des Rechts, da mit dessen Positivität die Möglichkeit des illegitimen Rechts gegeben ist. Das ist es, was begriffen werden muß und nicht begriffen werden kann, wenn man Geltung immer auf Geltung bis zur „Ursprungshypothese" zurückführt und in der Exklusivität dieses Legitimitätsbewußtseins den Boden der Wirklichkeit und damit des Rechts vollkommen unter den Füßen verliert. Dann ist freilich die Revolution ein brutales Faktum, wie Recht und Rechtsetzung auch, die hingenommen werden müssen, aber nicht begriffen werden können. Dann geht in der Tat Macht vor Recht, indem jene in dieses einbricht und es zerstört. Dahingegen sind Recht und Rechtsetzung, mag diese legitim oder illegitim sein, begriffen, wenn sie als die in eigener Gesetzlichkeit sich vollziehende Entfaltung eines bestimmten, mit sich identischen Rechtsgeistes aufgefaßt werden. Somit gibt es Krisen und Katastrophen in den positiven Rechten, daß man besorgt, sie würden vom Erdboden verschwinden, aber das liegt in ihrer Positivität und vernichtet sie so wenig, wie auch die Natur nicht dadurch untergeht, daß es in ihr kracht und bebt und Länder und Leute von ihr verschlungen werden. Der am Ende der Tage wohl sterbliche Geist eines positiven Rechtes ist es, der ihm die derzeitige Unsterblichkeit verleiht.

Aber über dieser Ähnlichkeit von Recht und Natur darf ihre radikale Verschiedenheit in anderer Hinsicht nicht übersehen werden. Die Natur ist das Naturgeschehen, in dem das Etwas sich auswirkt. Aber das Recht ist das Gericht, in dem das Ich sich auslebt, da Richten ich richte bedeutet. Somit kann die Natur sich wohl erlauben, blindwütig sich selber

1) Das Faktum der Revolution und die Kontinuität der Rechtsordnung. Zeitschr. f. öff. Recht, Bd. I, 1919, S. 134ff.

umzuwälzen, da sie nicht um sich weiß. Das Recht dagegen, da es im Richten um sich weiß, mag wohl zusehen, daß es am Widerstande der zu Richtenden nicht zerschelle, aus einem Richter ein Gerichteter werde Daraus ergibt sich die besondere Aufgabe der Rechtspolitik, in der die Grenzen des Richtbaren mit mehr oder weniger Weisheit von Fall zu Fall erwogen werden. Denn das Recht ist nur scheinbar frei in dem, was es zum hier und jetzt Richtigen setzt.[1]) In Wahrheit ist es gebunden durch das Gesetz, daß durch das Schwert umkommt, wer es ohne Wissen und Gewissen führt.

Jedoch, ist auch die Rechtsgeltung Gerichtsgeltung, ist das Gericht Erkenntnis und Offenbarung der Geltung, so ist doch gerade darum im tiefsten Grunde das Gericht nicht die Geltung selbst. Gericht ist Wirklichkeit, aber Geltung ist nicht Wirklichkeit, sondern Idee. Ideen gelten, weil sie nicht wirklich sind, indem und wiewohl sie Wirklichkeit begründen, wie wir wissen. Auch das Recht ist Idee, insofern es die unendliche Selbstverwirklichung der Gerechtigkeit in der Geschichte ist, als ein Übergang und Untergang zu dem, das es sein soll, indem es ist. Und weil es Idee ist, darum gilt das Recht, weil es weder im Selbst- noch im Fremdgericht je ganz wirklich ist. Geltendes Recht sein heißt auf dem Wege, im Durchgang zum Recht sein, heißt lebendes und kämpfendes Recht sein im Gegensatz zu dem, das war und sein wird. Rechtsgeltung ist Geltung für die Zeit, wie alle Geltung, aber sie ist darüber hinaus auch Geltung in der Zeit, da sie ein Zeitliches, ein Positives betrifft, worin sich die ungeheure Komplexität des Rechts und seiner Geltung zeigt. Rechtsgeltung ist vorläufige Geltung, ist Geltung bis auf weiteres.

Aber das Recht ist nicht nur Bewegung, sondern auch Dauer, da alle Bewegung Bewegung von etwas ist, das dauert. Ist nämlich das Recht Gericht, so ist es die Einheit der Möglichkeit des Ich und Du im Gericht, da alles Gericht ein ich richte Dich ist. Ohne Du gibt es wohl ethisches, aber kein juristisches Gericht, da alles Recht Begriff und Idee der Gemeinschaft ist, wie wir wissen. Recht ist Gemeinschaftsrecht wie Gemeinschaft letztlich Rechtsgemeinschaft, und das nennen wir Staat. Der Staat ist das Recht in anderer Methode[2]), der Zustand oder Status des Rechts, der seinem Wechsel Dauer verleiht. Der Staat ist die Dauer des Rechts, der bleibt, indem dieses sich in ihm und an ihm bewegt. Darum ist die Bindung des Staates an sein Recht mit ihm gesetzt und keinesfalls „ein Vorurteil des juristischen Denkens, ein Postulat der Rechtswissenschaft", wie Bley u. a.[3]) meinen. Der Staat ist die Substanz seines Rechts, was sonderlich bei der Revolution

1) Pichler, Die Logik der Gemeinschaft, 1924, S. 39.
2) Ebenso Sauer, Grundlagen der Gesellschaft, 1924, S. 160, 469.
3) a. a. O. S. 26. Wie im Text auch Binder, a. a. O. S. 508.

zutage tritt, die eine Revolution im Staat, aber nicht des Staates ist. Darum ist in diesem Sinne alles Recht Staatsrecht und jeder Staat Rechtsstaat, darum ist Staatspraxis Rechtspraxis und Staatswissenschaft Rechtswissenschaft, was weder durch das Kirchen- noch durch das Völkerrecht widerlegt wird, da jenes die Kirchenrechtsgemeinschaft und damit der Kirchenstaat und dieses die Völkerrechtsgemeinschaft und damit der Völkerstaat ist, nach Begriff und Idee. In allen diesen Dingen hat Kelsen[1]) die Wahrheit gesehen, freilich nur einseitig. Denn da das Recht zweiseitig ist, so ist auch der Staat zweiseitig, weder rein normativ, noch rein soziologisch, sondern sowohl das eine wie das andere, was Kelsen[2]), ohne es zu merken, selbst zugibt, wenn er der „verstehenden Soziologie" Max Webers mit Recht vorhält, daß sie in der Tat genötigt sei, „mit den Augen des Juristen zu sehen, um überhaupt etwas zu sehen". Der Staat ist normativ, indem er das Recht setzt, und er ist soziologisch, indem er das Recht setzt. Darum ist Staatswille Rechtswille und Staatshandlung Rechtshandlung, womit freilich nicht gesagt ist, daß sie notwendig rechtmäßig sein müßte, indem sie sowohl gegen das bestehende Recht als auch gegen die guten Sitten verstoßen kann. Aber der Staat, indem er Wirklichkeit ist, ist auch zugleich Idee, da alles, was ist, zugleich gesollt ist. Er ist uns nicht gegeben, sondern aufgegeben, daß wir ihn zu der sittlichen Gemeinschaft schaffen, die sein Gedanke ist, weshalb Fichte[3]) mit Recht sagt: „Der wirkliche Staat läßt sich sonach vorstellen als begriffen in der allmählichen Stiftung des Vernunftstaates." Er ist Begriff und Idee der Einheit von Ich und Du in der Zeit, er ist die geschichtliche Wirklichkeit der Idee der Rechtsgemeinschaft und damit Kulturstaat, da die Kultur die Wirklichkeit der Gemeinschaft ist, womit wir den oben verlassenen Zugang zur Welt wieder erreicht haben. Ist aber der Staat Kulturstaat, so ist er Begriff und Idee der Einheit der Personen und ebenso Personeneinheit wie Einheitsperson, da die Kultur das Reich der Person ist, wie wir wissen. Er ist die Person der Personen und damit ein leiblich-geistiges Wesen, was der Sinn der Person ist, wie wir uns erinnern, weshalb die organische Theorie vor und nach Gierke durchaus das Richtige getroffen hat. Der Staat ist ein realer Organismus der Kultur, wenngleich nicht der Natur, weshalb er nur geistig und nicht naturwissenschaftlich, auch nicht psychologisch begriffen werden kann. Aber er ist deshalb nicht minder wirklich und vor allem keine kindlich-anthropomorphe Hypostasierung der Rechtsordnung, wie Kelsens reine Rechtslehre in ihrem einseitigen Rationalismus meint. Denn alles Recht, weil es die Möglichkeit des Fremd-

1) Allgemeine Staatslehre, S. 91.
2) Der soziologische u. d. juristische Staatsbegriff, 1922, S. 163.
3) Der geschlossene Handelsstaat, 1800 (ed. J. H. Fichte, Bd. III, S. 397).

gerichts ist, ist nur in der Einheit von Ich und Du, in der Gemeinschaft möglich, und die Gemeinschaft ist nur durch das Recht möglich, womit die sehr bedingte Möglichkeit einer durch den guten oder heiligen Willen gestifteten sittlichen oder religiösen Gemeinschaft[1]) keinesfalls geleugnet wird. Mit anderen Worten: das Recht ist die logische Bedingung des Staates und umgekehrt. Kein Recht ohne Staat und kein Staat ohne Recht, weshalb weder das eine noch das andere verabsolutiert werden darf. Es gibt keinen Staat an sich und kein Recht an sich, keine reine Staatslehre und keine reine Rechtslehre, sondern der Staat ist im Recht und das Recht im Staat, darum Staatslehre Rechtslehre und Rechtslehre Staatslehre, was niemanden hindert, mehr die eine oder andere Seite, mehr den Zustand, mehr die Bewegung ins Auge zu fassen.

III. DAS RECHT IN DER WELT

1. DAS RECHT ALS KULTUR

Mit dem vorigen ist bereits der logische Ort des Rechts in der Welt, den wir suchten, gefunden. Recht ist Kultur, wie der Staat auch, dessen andere Methode es ist. Recht ist Kulturrecht, worin der alte Gegensatz zum Naturrecht noch einmal aufleuchtet. Es ist weder Naturrecht, weil es das nicht gibt, noch Rechtsnatur, weil dies seine Bedingung ist. Andererseits ist es von Rechtsnatur, insofern es den Bedingungen des Rechtlichen, der Rechtsvernunft oder Rechtslogik, genügen muß. Darum gehört das Recht nicht in das Reich rein ideeller Gegenstände, wie etwa die Mathematik, wo es das alte Natur- oder Vernunftrecht suchte. Wohl gibt es ein System idealer juristischer Gegenstände, die Rechtslogik oder reine Rechtsvernunft, die in der Gemeinschaftslogik oder reinen Soziologie gründet, wie namentlich Emge[2]) zutreffend ausführt, die allem positiven Recht vorangeht oder zugrunde liegt in des Wortes tiefster Bedeutung, da alles positive Recht positivierte Rechtsvernunft ist, wie wir wissen. Aber gerade darum ist das positive Recht nicht reines ideales Sein, wie die Rechtsvernunft, sondern auch reales Sein, nämlich Da-sein, worin Einheit und Zweiheit von realem und idealem Sein deutlich anklingen. Das Recht hat Dasein, es ist das Besondere des Seins und das Andere des Seins, es ist da im Sein, ist sowohl ideal wie real, sowohl Möglichkeit wie Wirklichkeit.

Aber seine Wirklichkeit ist nicht Naturwirklichkeit, daß wir es mit den Sinnen wahrnehmen könnten. Wir können das Recht weder sehen noch

1) Vgl. hierzu Lohmeyer, Vom Begriff der religiösen Gemeinschaft, 1925. In dieser Sammlung Heft III.

2) a. a. O. S. 80.

hören, noch riechen, noch schmecken, noch betasten, wie keiner bestreiten wird. Rechtswissenschaft ist nicht Naturwissenschaft, weshalb alle natürlichen Vergleiche Bilder und Gleichnisse sind, die Schaden und Nutzen stiften, je nachdem man sie als solche durchschaut oder für bare Münze nimmt. Darum kann auch kein naturwissenschaftlicher Begriff als solcher im Recht Verwendung finden, was ebenso wie das vorige manchem schon nicht mehr so ganz sicher ist, wie die Geschichte der juristischen Methodologie zeigt und der gute Sinn des Rufs nach Reinheit juristischer Erkenntnis ist.

Aber ist das Recht auch nicht Natur, so ist es doch nicht ohne Bezug auf die Natur, worin die Reinheit seiner Betrachtung ihre Grenze findet. Denn die Kultur, zu der es gehört, ist nicht außer der Natur, sondern in der Natur, weil sie vergeistigte Natur ist, wie wir wissen. Darum ist das Recht, weil es Kulturrecht ist, an einen sinnlichen Leib gebunden, aus dem es nicht heraus kann, und durch den es uns überhaupt erst zugänglich wird. Darum kann schlechterdings nichts Recht sein, was gegen die Natur ist. Das Rechtsgesetz ist dem Naturgesetz nicht über- und nicht neben-, sondern untergeordnet. Was nicht sein kann, von dem kann nicht gesagt werden, daß es sein soll, weil es sinnlos und obendrein gewissenlos wäre, jemandem etwas zuzusinnen, was er nicht ausführen kann. Recht aber ist Sinn, weil Vernunft, womit zugleich gesagt ist, daß es einen Sinn haben kann, in einem Rechtsgesetz ein Naturgesetz so zu behandeln, als ob es anders wäre, es scheinbar abzuändern, wofür die Anordnung der sogenannten Sommerzeit ein Beispiel ist. Die physikalische Zeit ist und bleibt auch für das Gesetz die Zeit, mit der es rechnen muß, weil es eine andere nicht gibt und geben kann, indem Zeit eine Bedingung der Möglichkeit der Physik ist, weshalb auch die sogenannte Präsenszeit, die Ordnung des Erlebens der Zeit[1]), auf sie Bezug nimmt. Aber gerade weil das Gesetz mit der physikalischen Zeit rechnet und rechnen muß, darum braucht die physikalische nicht die juristische Zeit zu sein, wobei diese jene voraussetzt, indem sie von ihr abweicht. Die juristische Zeit ist eine dem Recht adäquate physikalische Zeit, wie die juristische Kausalität eine dem Recht adäquate Naturkausalität ist, um an das berühmte Beispiel der viel verhandelten Theorie der adäquaten Verursachung zu erinnern. Somit sind die Rechtsbegriffe niemals Naturbegriffe, wohl aber zu einem Teil adäquate Naturbegriffe, da das Recht wohl eine eigene Gesetzlichkeit ist, jedoch innerhalb und nicht außerhalb der Natur. Darum können wir es auch wie alles Geistige zwar nicht mit den Sinnen, aber auch nicht ohne Sinne erfahren. Kein Geist ohne Leib, durch den er sich „äußert".[2]) Auch das

1) Vgl. dazu Hönigswald, a. a. O. S. 84.
2) s. oben S. 27 u. 32.

Recht muß in Tat oder Wort, in Denkmälern, wie wir sagen, erscheinen, wenn wir von ihm etwas wissen wollen und sollen, da es uns um seiner Positivität willen nicht angeboren, wenngleich insofern in die Herzen geschrieben ist, als wir durch die Kultur Geist von seinem Geist sind. Auch die Bücher der Geschichte, in die es geschrieben ist, sind unsere Bücher, weil unsere Geschichte. Kein Recht ohne Sprache, von der es zwar gesondert, nicht aber gelöst werden kann, weshalb es nicht angeht, das Recht zu seinem sprachlichen Ausdruck in radikalen Gegensatz zu bringen.

Aber das Recht, wie schon das Letzte zeigt, ist nicht nur auf die Natur, sondern, weil es eben Kultur und nicht Natur ist, auch auf das Ich und seine Wissenschaft, die Psychologie, bezogen, was sich auf beiden Seiten auswirkt. Es gibt eine Psychologie des Rechts, eine Wissenschaft vom Wissen ums Recht, während es eine Naturwissenschaft vom Recht nicht gibt und geben kann, weil die Naturwissenschaft das Ich nicht kennt, das die Bedingung der Möglichkeit des Rechts im Ich richte ist. Aber diese Psychologie des Rechts, weil sie die Wissenschaft vom Wissen ums Recht ist, ist darum nicht die Rechtswissenschaft. Das Recht ist nichts Psychisches im strengen Sinne des Wortes, es ist nicht „in uns", wie Georg Jellinek[1]) meint, sondern außer uns, weshalb es nicht psychologische, sondern logische Struktur hat, wie diese ganze Untersuchung klarzulegen sich bemüht. Andererseits freilich ist es auf das Psychische bezogen, wie auch auf das Physische, weil es als Kulturrecht in seiner Möglichkeit durch beides bedingt ist. Darum kann schlechterdings nichts Recht sein, was gegen ein psychologisches Gesetz verstieße, weil das sinnlos wäre; wohl aber kann es einen Sinn haben, ein psychologisches Gesetz ebenso wie ein physikalisches in der Weise abzuändern, daß man es voraussetzt, indem man von ihm abweicht. Somit sind die Rechtsbegriffe zu einem Teil adäquate psychologische Begriffe, wie sie zu einem anderen adäquate naturwissenschaftliche Begriffe sind.

Aber das ist nur die halbe Wahrheit, weil Naturwissenschaft und Psychologie wohl die Bedingungen der Möglichkeit der Kultur, aber nicht diese selbst sind, da das Bedingte mit seinen Bedingungen nicht identisch ist, wiewohl es von ihnen nicht gelöst werden kann. Darum ist die Kultur zwar nicht ohne Natur und Ich, wie sie auch nicht ohne Idee ist, aber nicht deren Summe, sondern ihre Synthese oder Dreieinigkeit, wie wir wissen.[2]) Somit ist auch das Recht, weil es Kulturrecht ist, auf den Geist relativ, und das ist der Sinn der Adäquatheit, von der wir eben sprachen. Recht läßt sich weder naturwissenschaftlich, noch psychologisch, sondern nur geisteswissenschaftlich betrachten. Rechtsbegriffe sind geisteswissenschaft-

---

1) Allgemeine Staatslehre, 4. Aufl., 1922, S. 343.

2) s. oben S. 32.

liche Begriffe, vergeistigte naturwissenschaftliche und psychologische Begriffe, weshalb jene an diese anklingen, ohne mit ihnen identisch zu sein. Denn das Recht ist ebenso Kulturrecht wie Rechtskultur, d. h. Geist. Es ist die rechtlich verfaßte Kultur, die, weil sie Kulturgemeinschaft ist, rechtlich verfaßt sein muß, wie wir wissen. Keine Kultur ohne Recht und kein Recht ohne Kultur. Es gibt kein Recht an sich und keine Kultur an sich, vielmehr ist das eine notwendig immer mit dem anderen gesetzt, weil das Recht die notwendige Bedingung der Gemeinschaft und Kultur notwendig Gemeinschaft ist.[1]) Aber das eine ist darum doch nicht das andere, somit das Recht von der Kultur, die es verfaßt, und die Kultur von dem Recht, das sie erfüllt, bis zu einem gewissen Grade verschieden. Darum kann die Kultur ebensowohl rechtmäßig wie rechtswidrig, das Recht ebensowohl kulturmäßig wie kulturwidrig sein, worauf namentlich M. E. Mayer[2]) Gewicht legt. Ist aber das Recht zwar nicht absolut, wohl aber relativ von der Kultur verschieden, ist es, obwohl selbst Kultur, trotzdem Gesetz und Gegensatz der Kultur, so ist es ein System verrechtlichter Kulturbegriffe und trotzdem oder gerade damit ein Rechtssystem, weil es dem System der Bedingungen der Möglichkeit des Rechts adäquat ist. Das bedeutet für die Kulturbegriffe einerseits Ausbürgerung aus der Kultur und andererseits Einbürgerung in das Recht. Die dem Recht adäquierten Kulturbegriffe sind eingebürgerte Rechtsbegriffe, und zwar dadurch, daß sie in das System der reinen Rechtsbegriffe aufgenommen sind, die ihrerseits im System der reinen Gemeinschaftsbegriffe stehen, da die Gemeinschaft die Möglichkeit des Rechts ist. Somit ist jedes positive Recht ein Gefüge von Begriffen, die aus der Kultur in das reine Rechtssystem eingebürgert sind; und die Art und Weise der Einbürgerung ist der Typus seiner Positivität. Das Recht ist das Gesetz für die Kultur, weil es die Kultur im Gesetz ist. Die Welt d e s Rechts ist die Welt im Recht, weshalb das oberflächliche Gerede von juristischen und metajuristischen Tatbeständen endlich aufhören sollte. Für die Jurisprudenz gibt es nichts Metajuristisches, nichts, was sie nicht begreifen könnte. Sie begreift die ganze Welt, weil sie die W e l t im Gesetz ist, aber sie begreift freilich die ganze Welt juristisch, weil sie die Welt i m G e s e t z ist. Es gibt schlechterdings nichts in der Kultur, was nicht die Fähigkeit zum Recht in sich trüge, weder inneres noch äußeres. Es gibt keine rechtsfreien Räume in ihr. Sonne, Mond und Sterne, soweit sie der Kultur angehören, sind ebenso dem Rechte zugängig, wie die geheimsten Regungen des Herzens. Wenn dem säumigen Beklagten im germanischen Prozeß die Sonne gesetzt wird, wenn

---

1) s. oben S. 33.
2) Rechtsphilosophie, 1922.

die Volksversammlungen zur Zeit des Vollmondes stattfinden, so sind Sonne und Mond als Sonnen- und Mondzeit im Rechtssystem; und wenn das kanonische Recht den Beichtzwang verfügt, so sind meine Gedanken nicht zollfrei, wie vielfach behauptet wird, sondern in der Rechtsordnung.[1]) Daraus ergibt sich freilich, daß die Kultur, wiewohl sie die Möglichkeit zum Recht ist, nicht immer die Wirklichkeit des Rechts ist, weil es von seinem Sinn und Zweck abhängt, wieviel von der Kultur es sich einbürgern will. Allein auch so bleibt es dabei, daß Rechtswelt Kulturwelt ist.

Ist also die Welt des Rechts die Welt im Recht, ist es die ins Recht transponierte Kultur, so ist es kein Wunder, daß jenes deren Züge trägt, wenngleich in einer anderen Färbung oder Tonart, weshalb es die anschauliche Sprache des Mittelalters einen Spiegel genannt hat. Das Recht ist der Spiegel der Kultur, wiewohl selbst Kultur, da es nur relativ, nicht absolut von ihr verschieden ist, was mutatis mutandis beim eigentlichen Spiegel genau so ist. Darum ist das System der Kultur notwendig zugleich das System des Rechts, darum ist die Sprache des Rechts notwendig die Sprache der Kultur, freilich beides unter einem anderen Vorzeichen, weshalb es einen tiefen methodischen Sinn hat und keineswegs zufällig ist, daß die Begriffe und Ausdrücke des Rechts Begriffe und Ausdrücke der Kultur, der naturwissenschaftlichen, psychologischen und geistigen Welt sind, von denen sie niemals radikal getrennt werden können, wie sehr sie auch zufolge ihrer „Adäquatheit" von ihnen abweichen. Darum ist endlich auch — und das ist das wichtigste — der Geist des Rechts der Geist der Kultur, der es entstammt, der Volksgeist selbst als „das sich wissende und wollende Göttliche",[2]) was Hegel als erster erkannt, die Romantik im tiefsten erfühlt, der Positivismus nie je erfaßt hat, weil er ein Geist ohne Geist ist.

Ist das System der Kultur das System des Rechts, und gliedert sich die Kultur in den subjektiven und objektiven Geist, wobei es ein und derselbe Geist ist, der sich also entfaltet, so ist auch das Recht in diesem Gegensatz, da es die rechtliche Verfassung der Kultur ist. Somit haben wir Rechtssubjekte und Rechtsobjekte, wobei es ein und dasselbe Recht ist, das sich in diese beiden Methoden auseinanderlegt; und zwar sind die Rechtssubjekte die Kulturpersonen und die Rechtsobjekte die Kulturgüter. Kein Rechtssubjekt, das nicht eine Kulturperson wäre, und kein Rechtsobjekt, das nicht ein Kulturgut wäre; freilich nicht umgekehrt, da die Kultur wohl die Möglichkeit, nicht aber in allem und jedem die Wirklichkeit des Rechts ist. So waren z. B. die Sklaven wohl Kulturperson, so gewiß sie ein Geist waren, nicht aber Rechtssubjekt; und ebenso waren die Werke von Kunst

1) Vgl. dazu meine Ausführungen in: Archiv für Rechts- und Wirtschaftsphilosophie, Bd. XVIII, 1925, S. 75.

2) Hegel, Rechtsphilosophie (ed. Lasson), S. 195.

und Wissenschaft je und je Kulturgut, aber nicht Rechtsobjekt, solange es noch kein Urheberrecht gab. Aber dieser Parallelismus geht weiter. Ist nämlich die Kultur ihrem Begriff nach Kulturgemeinschaft, so muß es zwei Arten von Kulturpersonen geben, die Einzelperson und die Gemeinschaftsperson, wobei jene dem Ich der Psychologie näher steht als diese. Die Einzelperson ist auf das Ich unmittelbar relativ, sie ist dessen unmittelbares Andere, so daß wir bei ihr Geist und Seele kaum unterscheiden können. Aber auch die Gemeinschaftsperson ist auf das Ich der Psychologie bezogen, freilich nur mittelbar durch die Einzelperson, deren Einheit im Geiste sie ist, weshalb die Gemeinschaft wohl einen Geist, nicht aber eine Seele hat. Darum ist die Gemeinschaftsperson die reine, echte, wahre Person, die Person schlechthin, die nur im Geiste und vom Geiste lebt und allein geistig, niemals seelisch begriffen werden kann, wenngleich sie durch ihre Gliedpersonen auf die Psychologie relativ ist. Gemeinschaft ist Geistes-, nicht Seelengemeinschaft, weshalb alles, was für oder gegen eine Gesamtseele gesagt worden ist und wird — und das gilt auch von meinen eigenen früheren Ausführungen[1]) —, sein Ziel verfehlt, weil es im Psychischen stecken bleibt und an den Geist und damit an die Gemeinschaft gar nicht heranreicht, so daß es Zeit wird, das Geistige vom Seelischen zu sondern, wie Spranger[2]) mit Recht fordert. Sind aber der Kultur zwei Arten von Personen wesentlich, die Einzel- und die Gemeinschaftsperson, so muß es auch zwei Arten von Rechtssubjekten geben, wobei es wiederum beim Recht ist, in welcher Weise es dazu Stellung nehmen will. Wie es der Einzelperson der Sklaven die Rechtssubjektivität vorenthalten hat, solange dies noch nicht gegen die guten Sitten verstieß, also kann es auch die Gemeinschaftspersonen fördern oder unterdrücken, wie es zu allen Zeiten vorgekommen ist. Es kann ihre Einheit verschieden stark betonen, sie mehr als Einheitsperson, mehr als Personeneinheit ausgestalten, ja dies sogar bei ein- und derselben Gemeinschaft, so daß dann ganz komplexe Gebilde wie z. B. die schon oft erwähnte offene Handelsgesellschaft entstehen, es kann endlich auch ihre Eigenfreiheit verschieden bemessen, wodurch sich die Genossenschaft von der Anstalt, der Verein von der Stiftung unterscheidet. In allen diesen Dingen ist das Recht Herr in seinem Hause. Aber es ist nicht Herr über den Gegensatz von Einzel- und Gemeinschaftspersonen selbst, da es ihn nicht erfindet, sondern vorfindet, indem er mit ihm als dem Gesetz der Kultur gesetzt ist. So sind die natürlichen Personen zwar auch juristische Personen, weil Rechtssubjekte, was eine recht billige Weisheit ist, aber, was wichtiger ist, auch die juristischen Personen

1) In: Jherings Jahrbücher, Bd. LXXV, 1925, S. 361 ff.

2) Zur Theorie des Verstehens und zur geisteswissenschaftlichen Psychologie. Festschrift für Volkelt, 1918, S. 403.

(einschließlich der Personengemeinschaften) „natürlich" in dem Sinne, daß sie nicht bloß juristisch, vielmehr auch wie diese real im Sinne der Kultur sind. Denn auch die natürliche Person ist real nur im Sinne der Kultur, nicht der Physik oder Psychologie, da nur die Kultur den Begriff der Person kennt.

Aber dieser eigentümliche Dualismus begegnet uns nicht nur auf der subjektiven, sondern auch auf der objektiven Seite. Auch die Kulturgüter sind, wie die Kulturpersonen, zweifach gegliedert, und zwar je nachdem, ob sie unmittelbar oder mittelbar auf die Physik relativ sind, wie jene auf die Psychologie. Demgemäß unterscheiden wir körperliche und unkörperliche Kulturgüter und damit Rechtsobjekte. Jene entsprechen in ihrer Struktur den Einzelpersonen und natürlichen Rechtssubjekten, diese den Gemeinschaftspersonen und juristischen Rechtssubjekten. Darum sind auch die körperlichen und natürlichen Rechtsobjekte Geist, wie umgekehrt die unkörperlichen oder juristischen Rechtsobjekte real. Somit, wie es kein Rechtssubjekt gibt, das, wiewohl es Geist und nicht Seele ist, keinen Bezug auf die Psychologie hätte, also gibt es auch kein Rechtsobjekt, das, wiewohl es Geist und nicht Körper ist, keinen Bezug auf die Physik hätte, mögen diese Bezüge auch auf beiden Seiten noch so sehr verblaßt sein. Darin offenbart sich, daß das Recht, wiewohl es Geist und weder Körper noch Seele ist, doch nur durch Körper und Seele das ist, was es ist, indem Natur und Psyche die Bedingungen der Möglichkeit seiner Geltung sind. Darum hat jedes Rechtssubjekt und jedes Rechtsobjekt einen mehr oder weniger stofflichen Leib, in dem und an dem es besteht, ein Substrat[1]), wie wir es zutreffend nennen, mit dem es kommt und geht, und zwar so, daß das Substrat der Person leiblich-seelischer, das Substrat des Gutes leiblicher Art ist.

Aber das Recht, indem es sich in Subjekt und Objekt gliedert, ist auch die Einheit von Subjekt und Objekt im System. Es ist das System der Beziehungen von Subjekt und Objekt, der Rechte und Pflichten, deren Objekt und Subjekt sie sind. Darum gibt es keine Subjekte an sich und keine Objekte an sich, vielmehr ist jedes Subjekt Subjekt für ein Objekt und umgekehrt. Es gibt keine Rechte und Pflichten ohne Subjekt, dem sie zustehen, und keine Rechte und Pflichten ohne Objekt, an dem sie bestehen. In diese beiden Pole ist jedes Recht und jede Pflicht gespannt. Darum sind alle Rechte und Pflichten persönlicher Art, dies nicht nur insoweit, als sie einer Person zustehen, sondern auch in dem Sinne, daß sie gegenüber einer Person zustehen, da das Recht Ordnung der Gemeinschaft ist. Aber ebenso sind alle Rechte gegenständlicher Art, insoweit sie an

---

1) Vgl. dazu besonders Hönigswald, Vom Problem des Rhythmus, S. 31.

einem Gegenstand bestehen. Freilich kann diese Gegenständlichkeit auf dem Nullpunkt sein, insofern ein Recht nicht an etwas, sondern nur in etwas besteht, wie wir sagen. In solchem Falle reden wir von rein persönlichen Rechten, weil sie nur gegenüber der Person und nicht an einem Gegenstand bestehen. Aber diese relative Gegenstandslosigkeit ist nur vorläufig, weshalb sie Erfüllung durch einen Gegenstand fordert. Dies wird für die sogenannten relativen Persönlichkeitsrechte, die nur gegenüber einer bestimmten Person, nicht gegenüber jedermann gelten, ohne weiteres zugegeben werden. Das Forderungsrecht als der Typus des relativen Persönlichkeitsrechts lebt nur durch seine Erfüllbarkeit, indem es nichtig ist, wenn es schlechterdings daran gebricht, wie jeder weiß. Aber auch das absolute Persönlichkeitsrecht, das Recht gegenüber jedermann, lebt nur in seiner Erfüllung. Wenn ich ein Recht zu wählen habe, so ist dieses Recht solange ein leeres Recht, ein nudum ius, und, wie wir ganz richtig sagen, „gegenstandslos", als keine Wahl stattfindet, an der ich berechtigt bin, indem ich von ihr nicht ausgeschlossen werden darf. Persönliche Rechte, mögen sie relativ oder absolut sein, sind ihrem Begriff nach unvollkommene, weil anwartschaftliche Rechte, deren Gegenständlichkeit sich erst erfüllen soll und muß.[1]) Dahingegen sind die gegenständlichen Rechte, mögen sie materiell oder immateriell sein, an einem körperlichen oder unkörperlichen Gegenstand bestehen, vollendete, weil erfüllte Rechte. Jenes sind Rechte der Bewegung, dieses Rechte der Ruhe, jenes Wertbewegungsrechte[2]), dieses Wertrechte. Bei den persönlichen Rechten ist die Gegenständlichkeit, bei den gegenständlichen die Persönlichkeit auf dem Nullpunkt, weshalb man namentlich bei den dinglichen, aber auch bei den immateriellen Rechten mitunter fast vergißt, daß doch auch sie Persönlichkeitsrechte sind, was im Urheberrecht, wie Herbert Meyer[3]) zutreffend hervorhebt, ganz unfruchtbare Erörterungen hervorgerufen hat. Sind aber alle Rechte notwendig persönlich und mittelbar oder unmittelbar gegenständlich, so folgt daraus, daß es Rechte an einer Person im strengen Sinne des Wortes nicht gibt und geben kann, weil die Person kein Gegenstand ist. Vielmehr sind die Rechte an einer Person, wenn man überhaupt davon reden will, notwendig Rechte gegenüber der Person, wobei mehr das gegen und mehr das über im Gegen-über betont sein kann. In jenem Falle reden wir von Koordination, in diesem Falle von Subordination der betroffenen Person. Jenes ist, wenigstens in der Regel, die Art und Weise des privaten, dieses die Art und Weise des öffentlichen Rechts, wobei dieser Gegensatz

1) Vgl. dazu auch Siber in Plancks Kommentar zum BGB, Bd. II, 1, 1914, S. 13.

2) Dazu Ernst Stampe, Grundriß der Wertbewegungslehre, 1912/19.

3) Sittenwidrige Verlagsverträge, 1926, S. 20.

wegen der Einheit im Gegenüber nicht verabsolutiert werden darf. Vielmehr ruhen sowohl die privaten wie die öffentlichen Rechte in der Einheit des Rechtssystems, weshalb das Deutsche Recht auch hierin tiefer war als die römische Einseitigkeit, was in einer groß angelegten Geschichte der juristischen Systematik näher ausgeführt und begründet werden soll.

Aber freilich, ist auch das Recht ein System von Rechten und Pflichten, die einerseits auf die Person, andererseits mittelbar oder unmittelbar auf den Gegenstand relativ sind, so ist es trotzdem, da es Gemeinschaft ist, ein Recht der Personen und nicht der Gegenstände, indem einer Person wohl mehrere Gegenstände, nicht aber mehreren Personen ein Gegenstand in Ausschließlichkeit zustehen kann. Darum hat Otto v. Gierke, mit dem wir uns im tiefsten Grunde, wenn auch nicht in allen Einzelheiten eins wissen, wie jeder Kundige schon längst gesehen hat, das System des Deutschen Rechts als Genossenschaftsrecht dargestellt und darstellen können, da es eben die Ordnung der Rechtsgenossen als der Rechtspersonen ist; und nichts ist verkehrter, als wenn Kelsen und seine Schule den Begriff der Rechtsperson aus dem Rechte austilgen wollen. Die Rechtsperson ist die Einheit und Dauer, die Substanz ihrer Rechte und Pflichten, die bleibt, während diese wechseln. Darum haben die Römer mit Recht vom status der Person geredet. Person sein heißt Staat sein, im großen wie im kleinen. Darum ist der Staat, weil er die Person der Personen ist, der Staat der Staaten, der Staatenstaat, worin sich von einer neuen Seite zeigt, daß alles Recht seinem Begriff nach Staatsrecht ist, nicht nur von oben, sondern auch von unten aus betrachtet.

Sind wir hiermit an unseren Ausgangspunkt zurückgekehrt, so ist offenbar alles gesagt, was über das Recht in der Welt zu sagen war, da der Kreis geschlossen ist und keinen Gegensatz mehr aus sich heraustreibt. Darum liegt uns nur noch ob, abschließend über seine logische Struktur zu urteilen, wobei wir uns erinnern, daß die Sprache des Rechts die Sprache des Geistes und nicht der Psychologie oder der Physik ist.

Das Recht hat Dasein, insoweit es Positivität ist. Wenn der Richter seinen Spruch gefällt hat, dann ist das so, dann ist jemand im Recht, mag es Recht oder Pflicht sein, oder im Unrecht. Darum nennen wir den Spruch Urteil, weil er Recht zuteilt, oder Erkenntnis, weil er für Recht erkennt. Dieses Urteil ist kategorisch, wenn es die Wirklichkeit, und hypothetisch, wenn es die Möglichkeit eines Falles meint. Somit ist regelmäßig, wenn auch nicht immer, das Gerichtsrecht kategorisches, das Gesetzesrecht hypothetisches Urteil, worin die stufenweise Selbstverwirklichung des Rechts sich ausdrückt, das als solches seiner Form nach natürlich immer kategorisch und nur seinem Inhalt nach kategorisch oder hypothetisch ist. Denn es ist ein Unterschied, ob ich etwas bedingt setze, oder ob ich Bedingtes setze. Das Recht setzt sich unbedingt, aber, sofern es sich als Mögliches setzt, setzt es Bedingtes.

Aber indem das Recht sich in Urteilen verwirklicht, meint es in seiner Positivität Richtigkeit, wenngleich nicht Wahrheit. Es meint praktisch, nicht theoretisch Richtiges, d. h. Gesolltes und damit Gedurftes. Das von ihm Gesetzte, indem es gesetzt ist, soll oder darf sein, hypothetisch oder kategorisch. Somit sind die Urteile des Rechts zugleich Normen, und zwar einerseits Gebote und Verbote, andererseits Erlaubnisse, d. h. Bestimmungen oder mit einem kurzen, wenn auch nicht alles umfassenden Wort Befehle oder Imperative. Dies nicht nur ihrer sprachlichen Form nach, wie man gemeint hat, sondern auch ihrer logischen Struktur nach, da auch der normhafte, d. h. begründete Befehl Befehl ist. Die Sätze des Rechts sind Urteile, wenn man das Gericht, und Imperative, wenn man die Gerichteten im Auge hat, weshalb der darüber geführte Streit in seiner Einseitigkeit gegenstandslos ist.[1]) Denn der Imperativ ist die Funktion des Urteils, wie die Richtigkeit die Funktion der Positivität und umgekehrt. Das eine ist mit dem anderen gesetzt und kann von ihm nicht losgelöst werden. Aber diese Antithetik ist nicht das Letzte, sondern das Vorletzte, das Aufhebung fordert und findet. Denn das Recht ist sowohl Urteil wie Imperativ, weil es Wille ist. Es ist der im Zwange sich verwirklichende Wille der Gemeinschaft zur Gerechtigkeit, wie Hegel[2]) uns gelehrt hat. Dieser Wille ist ein Begriff des Geistes und nicht der Psyche, wenngleich darauf bezogen, wie wir wissen, woraus sich die Doppelzüngigkeit des Rechts erklärt. Darum ist er das Letzte und nicht das Erste der Rechtsphilosophie, weil es von ihm wohl einen leichten Abstieg zur Psychologie, aber nur einen schweren Aufstieg aus dieser zu ihm gibt, da es dazu einer metabasis eis allo genos bedarf. Er ist die volonté générale und nicht die volonté de tous, um im Stile, wenngleich nicht im Sinne Rousseaus zu reden. Er ist, da er zwar nicht unmittelbar, wohl aber mittelbar auf das Ethos bezogen ist, ethischer, nicht psychologischer Gemeinwille, wodurch er sich von Stammlers verbindendem Wollen unterscheidet, das als soziales im Gegensatz zum sittlichen Wollen steht. Aber die Begriffe sozial und sittlich schließen sich keineswegs aus, so gewiß eine Gemeinschaft, da sie ihrem Begriff nach Geistesgemeinschaft ist, notwendig sittliche Gemeinschaft ist, auch wenn sie de facto noch so unsittlich ist; und ebensowenig ist die Sitte eine Konventionalnorm im Sinne Stammlers, da eine Norm, nach der gesollt wird, wenn gewollt wird, überhaupt keine Norm, sondern ein Widerspruch in sich selber ist, da jedes Sollen seinem Begriff nach unabhängig vom Wollen

---

1) Ebenso James Goldschmidt, a. a. O. S. 228.
2) Rechtsphilosophie (ed. Lasson), S. 278.

des Verpflichteten gilt. Vielmehr sind Recht und Sitte nur durch die Art und Weise des Gerichts unterschieden, so daß sie ineinander übergehen können, wie jeder weiß.

Ist aber das Recht kein psychologischer, sondern ethischer Wille, so ist es ein Wollen im Geist und in der Wahrheit, das nur in ihm begriffen werden kann. Meint jedoch jemand mit Stammler[1]), daß damit das Recht auf ein Mysterium gegründet werde, indem man nicht wisse, was dieser Geist sei, so hat er, ohne es zu wissen und zu wollen, die volle Wahrheit gesagt. Der Geist ist ein Mysterium, ein dunkles Geheimnis, das man wohl beleuchten, nicht aber durchleuchten, anschauen und verstehen, nicht aber erklären kann. Die Welt ist rational, indem sie auch irrational ist, weshalb sie begreifen heißt, sie in ihrer Unbegreiflichkeit begreifen. Auch das Recht, weil es Geist ist, ist im letzten und tiefsten Grunde unbegreiflich, und es ist in dem Maße begriffen, als dieser Rest zutage tritt, indem es ein Mangel der Erkenntnis, weil flacher Rationalismus wäre, wenn er verborgen bliebe. In diesem Geheimnis lebt und webt das Recht, aus ihm schöpft es seine rätselhafte Geltung, mit ihm färbt es alle seine Gestalten, mögen sie subjektiv oder objektiv, substantiell oder funktionell, innerlich oder äußerlich sein, worauf O. v. Gierke[2]) in seiner wuchtigen Sprache uns hingewiesen hat. Darum ist die logische Struktur der Rechtsordnung, womit wir wie auch sonst schon in Schellings Bahnen wandeln, letzten Endes mythologisch, da der Mythos die Logik des Mysteriums ist.[3]) Darum haben religiöse Geister seine Göttlichkeit behauptet, heute wie ehedem, und in alten Tagen den Gesetzgeber seine Tafeln von Gott empfangen lassen. Gegen diese mythologische Einkleidung, deren Todfeind er ist, hat der Rationalismus je und je angekämpft, bald mit mehr Recht und Erfolg, bald mit weniger. Aber vernichten konnte und kann er sie nicht. Denn da die Mythologie mit der Logik auch die Sprache des Geistes ist, so ist die Rechtssprache auch heute noch mythologisch, dem einen zu Leide, dem anderen zur Freude, für jeden unabänderlich. Der Laie redet vom Recht in Gleichnissen, und der Jurist redet von ihm in Gleichnissen, und wenn dieser sie auflösen will, weil er erkennen möchte, was eigentlich dahinter sei, so mag er wohl zusehen, daß er nicht mit dem Bilde auch die Sache selbst auflöse,[4]) wofür die Dogmengeschichte der juristischen Person ein klassisches Beispiel ist. Darum sind solche Bemühungen, so sehr sie dem

1) Die Lehre vom richtigen Recht, 2. Aufl., 1926, S. 30.

2) Das Wesen der menschlichen Verbände, 1902.

3) Dazu besonders Ernst Cassirer, Die Begriffsform im mythischen Denken, 1922, S. 6, 33ff.

4) Vgl. hierzu Ernst Cassirer, Der Begriff der symbolischen Form im Aufbau der Geisteswissenschaften. Bibliothek Warburg, 1923, S. 16.

Erkenntnisdrange Ehre machen, wofern sie nicht dem Geiste zum Siege verhelfen, der Rechtswissenschaft eher schädlich als förderlich, weshalb Heinrich Dernburg in seiner Weisheit im Vorwort zu seinen herrlichen Pandekten mit Recht sagt:

„Neben der Geschichte und dem praktischen Rechte darf die Leuchte der Philosophie nicht fehlen. Aber Herrin darf sie auf dem Gebiete des positiven Rechts nach meiner Ansicht nicht werden."

2. DAS RECHT ALS WISSENSCHAFT

Damit sind wir an unsere letzte Frage gelangt, die in der Einleitung unsere erste war, die Frage nach der Stellung der Rechtswissenschaft in der idealen Akademie der Wissenschaften. Die Rechtswissenschaft, mag sie von der Rechtsordnung oder von der Rechtsgemeinschaft handeln, Rechtswissenschaft im normativen oder soziologischen Sinne sein, was wohl gesondert, nicht aber getrennt werden kann, wie wir wissen, ist Kulturwissenschaft, weil Recht Kultur ist, was Kelsen deshalb leugnet, weil er den Begriff der Kultur nicht kennt, wie ihm Marck[1]) in ausgezeichneter Kritik vorhält. Die Rechtswissenschaft in ihren beiden Zweigen ist damit einerseits Kulturphilosophie, andererseits Kulturgeschichte, da ein Drittes nicht möglich ist. Sie ist, wenn wir entsprechend unserer Aufgabe die Rechtssoziologie beiseite lassen und uns auf die Rechtswissenschaft im engeren Sinne als die Wissenschaft von der Rechtsordnung beschränken, Rechtsphilosophie, sofern sie wie hier von *dem* positiven Rechte, und Rechtsgeschichte, wenn sie von *einem* positiven Rechte redet, möchte dieses gleich auch das einzige sein. Die Rechtsphilosophie handelt von der Rechtswelt als der Welt des Rechtlichen, die Rechtsgeschichte von der Rechtswelt als der Welt der Rechte oder des Rechts, wenn es ein Weltrecht gibt und geben sollte.

Wissenschaft von einem positiven Rechte ist immer Rechtsgeschichte und kann gar nichts anderes sein, da es die Wissenschaft von einem Geschichtlichen ist. Wissenschaft von einem Geschichtlichen aber und damit Rechtsgeschichte ist Geisteswissenschaft. Rechtsgeschichte ist nicht Antiquitäten- und Raritätenhandlung, nicht Materialsammlung, wozu sie allerdings häufig gemacht wird, woraus sich die insoweit begründete Abneigung aller ihres Wesens bewußten Juristen dagegen erklärt, sondern das Bewußtsein eines Rechtsgeistes in seiner Entwicklung oder Verwirklichung. Aber die Rechtsgeschichte ist nicht nur Bewußtsein eines Rechtsgeistes *in seiner Entwicklung*, sondern eben auch Bewußtsein *eines Rechtsgeistes* in seiner Entwicklung, und das nennen wir Dogmatik.

---

1) a. a. O. S. 13.

Die Dogmatik als die concordia discordantium canonum ist das Wissen um die Einheit des Rechtsgeistes trotz aller Widersprüche der Überlieferung, sie ist die Einheit der Rechtsordnung, die in der Geschichte sich entfaltet und ohne sie verborgen bleibt. Somit ist jede Wissenschaft von einem positiven Recht, was Tillich[1]) im Gegensatz zu vielen Juristen richtig erkannt hat, sowohl geschichtlich als systematisch, sowohl Rechtsgeschichte als Rechtsdogmatik, was wegen der Einheit im Geiste, der ist, indem er wird, schlechterdings nicht von einander getrennt werden kann, wie dies bei der Geschichte der Philosophie und ihrer Systematik genau so ist.[2]) In diese beiden Pole ist jede rechtswissenschaftliche Betrachtung, sofern sie nicht rein philosophisch ist, gespannt. Sie kann mehr das eine und mehr das andere, mehr genetisch und mehr systematisch sein, ohne daß sie darum aufhörte, Geschichte des Rechts zu sein, und nie kann in der einen Betrachtung das andere ganz fehlen, wenngleich es oft genug so aussieht, weil es Juristen gibt, deren dogmatische oder historische Begabung auf dem Nullpunkt ist, so daß sie alles nur einseitig und damit halb sehen. Gerade darum aber scheiden sich Rechtsgeschichte und Rechtsdogmatik nur relativ, niemals absolut, weshalb es nicht auf die Geltung des erforschten Rechts ankommen kann, was eine ganz oberflächliche und kindliche Auffassung ist. Es gibt Rechtsgeschichte am geltenden und Rechtsdogmatik am vergangenen Recht, was Georg Jellinek[3]) ganz willkürlich leugnet. Ich kann das Bürgerliche Gesetzbuch genetisch und die Pandekten dogmatisch betrachten, heute wie früher und in alle Zukunft. Darum ist derjenige, der geltendes Recht erforscht, weder der wahre Jurist und damit kein echter Gelehrter, noch derjenige, der vergangenes Recht erforscht, kein echter Jurist und damit ein wahrer Gelehrter. Die Gelehrtenqualität hängt nicht an der Rechtsgeltung, sondern an der Wissenschaftlichkeit der Methode, und die Wissenschaftlichkeit der Methode an der Beziehung zur Wahrheit. Darum ist der Jurist, der die Idee der Einheit eines geltenden (oder nicht mehr geltenden) Rechts sucht, weil er Wahrheit sucht, ein Gelehrter, genau wie der Historiker; und der Historiker, der die Wandlung eines vergangenen oder gegenwärtigen Rechts erforscht, weil er ein Recht erforscht, Jurist. Darum gibt es keine Verfassungsgeschichte neben der Rechtsgeschichte als deren „jüngere Schwester", wie es so schön heißt, weil Verfassung Recht ist und darum nur juristisch betrieben werden kann. Es gibt, sofern es sich um Geschichtsschreibung und nicht bloß um vorbereitende Bearbeitung der Überlieferung handelt,

1) Das System der Wissenschaften, 1913, S. 137.

2) Fritz Medikus, Von der Zeit und vom Überzeitlichen in der Philosophie und ihrer Geschichte. Logos XII, 1913/14, S. 160.

3) a. a. O. S. 52.

keine Verfassungsgeschichte, die ohne dogmatische Gesichtspunkte geschrieben werden könnte, wie unter den Historikern kein geringerer als Georg v. Below[1]) mit allem wünschenswerten Nachdruck hervorgehoben hat. Und umgekehrt kann die Dogmatik eines positiven Rechts nicht ohne geschichtlichen Hintergrund betrieben werden, weshalb Philipp Heck[2]) von ihr mit Recht als einer „historischen Interessenforschung" redet. Es ist ein durch nichts begründetes Vorurteil, die Verabsolutierung einer relativen Gegensätzlichkeit, wenn der eine den anderen von der Rechtswissenschaft, der andere den einen von der Wissenschaftlichkeit ausschließen will. Freilich wird die Arbeit am geltenden Recht ihrer Tendenz nach mehr dogmatisch, die Arbeit am vergangenen Recht ihrer Tendenz nach mehr historisch eingestellt sein, weshalb jene sich mehr als juristisch, diese mehr als historisch fühlen wird. Deshalb werden dogmatische Geister mehr am geltenden, historische mehr am vergangenen Recht ihre Freude haben, ohne daß das so zu sein braucht, wie die historisch und dogmatisch gleich großen Juristen der vergangenen Generation, insbesondere Otto von Gierke, Andreas Heusler und Rudolph Sohm zeigen, und niemals ist die Rechtsgeschichte bloß Geschichte und die Rechtsdogmatik bloß Dogmatik, wobei in jener das Recht, in dieser die Geschichte unterschlagen wird, als gäbe es eine Geschichte vom Nichts, die nur Geschichte, und eine Dogmatik vom Nichts, die nur Dogmatik wäre: Es gibt keine Geschichte „an sich", die außerhalb der Kultur und ihres Systems stünde, weil Kultur Kulturgeschichte ist, wie wir gesehen haben. Darum ist die Geschichte im System und das System in der Geschichte, Rechtsgeschichte in der Dogmatik und Dogmatik in der Rechtsgeschichte. Geschichte ist kein Spezialfach neben den einzelnen Kulturwissenschaften, so daß man Geschichte studieren könnte, wie man etwa die Rechte studiert. Vielmehr ist die Geschichte aufgeteilt unter die einzelnen Spezialwissenschaften, weil sie sie alle umfaßt, weshalb Geschichte studieren nur heißen kann, die Methode der Bewältigung der Überlieferung erlernen. Die Methode, die Überlieferung zu bewältigen, ist der Gegenstand der Geschichtswissenschaft als Spezialfach, die damit in ihrem Wesen als Hilfswissenschaft gekennzeichnet ist.

Ist aber im Bereich der Kultur die Geschichte alles oder gar nichts, weil eben Kultur Geschichte ist, und somit Rechtswissenschaft als Wissenschaft vom positiven Recht Rechtsgeschichte, mag es sich dabei um gegenwärtiges oder vergangenes Recht handeln, so ist andererseits um ihrer

1) Der deutsche Staat des Mittelalters, 2. Aufl., 1925, S. 107ff. Vgl. auch Claudius v. Schwerin, Einführung in das Studium der germanischen Rechtsgeschichte und ihre Teilgebiete, 1922, S. 18.

2) a. a. O. S. 59.

Korrelativität willen auch die Dogmatik alles oder gar nichts. Sie ist nichts, weil Rechtsgeschichte zugleich immer Dogmatik ist, und sie ist alles, weil Rechtsgeschichte ohne sie ein Nichts ist. Denn die Dogmatik ist zugleich auch das System der Bedingungen der Möglichkeit positiven Rechts, die in der Geschichte wirklich wird. Somit ist diese Dogmatik, die bloß Dogmatik ist, weil sie dem Geschichtlichen vorangeht, das sie ermöglicht, ebenso „vor" der Rechtswissenschaft (des positiven Rechts) wie die Geschichtswissenschaft, die bloß Geschichte ist, „vor" ihr ist, indem sie den Stoff der Überlieferung bereitstellt, auf dem das Recht sich aufbaut. Sowohl die Dogmatik ohne Geschichte als die Geschichte ohne Dogmatik sind Hilfswissenschaften der Wissenschaft vom positiven Recht, die eben Geschichte mit Dogmatik, weil wirklichkeitserfüllte Kulturwissenschaft ist. Aber freilich, sind sie beide auch Hilfswissenschaften, so sind sie es doch nicht in gleichem Sinne. Denn die apriorische Dogmatik ist wohl die Bedingung der Möglichkeit der Geschichte, nicht aber umgekehrt die Geschichte Voraussetzung für die Dogmatik. Somit triumphiert im letzten Grunde doch die Dogmatik über die Geschichte, weil sie die Geschichte einschließt, ohne von ihr ganz ausgefüllt zu werden, da Möglichkeit mehr ist als Wirklichkeit. Dogmatik in diesem Sinne aber, weil sie die Geschichte und ihre Bedingungen umschließt, ist philosophische Dogmatik. Somit ist die Rechtswissenschaft als Einheit aller Wissenschaften von positiven Rechten eine philosophische Wissenschaft und der Jurist, der diese Einheit sucht, ein Philosoph und kein Historiker. Die Rechtsphilosophie ist die Wissenschaft aller Wissenschaften vom Rechte, mag es sich dabei um Rechtsordnungen oder Rechtsgemeinschaften handeln. Sie ist die Rechtswissenschaft, die wir, ohne es deutlich zu wissen, meinen, wenn wir von ihr in der Einzahl reden. Der Einheit der Rechte und Rechtsgemeinschaften im Recht überhaupt entspricht die Einheit ihrer verschiedenen Wissenschaften in der Rechtsphilosophie; denn die Einheit des Rechts ist die Einheit seiner Wissenschaft. Ein Haus und viele Wohnungen!

Überschauen wir aber zum Schluß noch einmal den wunderbaren Bau der logischen Struktur der Rechtsordnung, so sind wir gewiß, daß dieser nur dadurch möglich ist, daß jeder Satz seinen Gegensatz begründet, indem die Wirklichkeit die Einheit des Gegensätzlichen ist. Darum ist der in ein peinliches Privatgezänk ausgeartete Streit zwischen Sander[1]) und Kelsen[2]), der der Anlaß dieser Arbeit war, ob dem Recht Sein oder Sollen

1) Rechtsdogmatik oder Theorie der Rechtserfahrung. Zeitschr. f. öff. Recht, Bd. II, 1921, S. 511ff.

2) Rechtswissenschaft und Recht. Zeitschr. f. öff. Recht, Bd. III, 1922, S. 103ff.

zukomme, ebenso oberflächlich wie gegenstandslos,[1]) da Sein und Sollen im letzten Grunde eins und, wo geschieden, aufeinander relativ sind, und zwar deshalb, weil, wie Hegel in seiner ganzen Erhabenheit uns gezeigt hat, das Wirkliche oder Relative die Gegenwart des Ewigen oder Absoluten in der Zeit ist. Darum kann uns Juristen im besonderen nicht Kelsen oder Sander der Führer sein, sondern allein Otto v. Gierke. Sein Genius, deutsch wie er war, hat uns am deutschen Recht die wahre coincidentia oppositorum gelehrt, weil er mit Jacob Böhme wußte:

Wem Zeit ist wie Ewigkeit,
Und Ewigkeit wie die Zeit,
Der ist befreit
Von allem Streit.

---

1) So auch Wolff, Grundlehre des Sollens, 1924, S. 163.

GPSR Compliance

The European Union's (EU) General Product Safety Regulation (GPSR) is a set of rules that requires consumer products to be safe and our obligations to ensure this.

If you have any concerns about our products, you can contact us on ProductSafety@springernature.com

In case Publisher is established outside the EU, the EU authorized representative is:

Springer Nature Customer Service Center GmbH
Europaplatz 3
69115 Heidelberg, Germany

Batch number: 10815964

Printed by Printforce, the Netherlands